¡Mucha suerte!
SPANiSH to GCSE

Fernand Dierckens

OXFORD

UNIVERSITY PRESS

OXFORD
UNIVERSITY PRESS

Great Clarendon Street, Oxford OX2 6DP

Oxford University Press is a department of the University of Oxford.
It furthers the University's objective of excellence in research,
scholarship, and education by publishing worldwide in

Oxford New York

Auckland Cape Town Dar es Salaam Hong Kong Karachi
Kuala Lumpur Madrid Melbourne Mexico City Nairobi
New Delhi Shanghai Taipei Toronto

With offices in
Argentina Austria Brazil Chile Czech Republic France Greece
Guatemala Hungary Italy Japan Poland Portugal Singapore
South Korea Switzerland Thailand Turkey Ukraine Vietnam

Oxford is a registered trade mark of Oxford University Press
in the UK and in certain other countries

British Library Cataloguing in Publication Data

Data available

ISBN 9 780199 122219

20 19 18 17 16 15 14 13

Typeset and designed by Peter Ducker MSTD

Printed in Singapore by KHL Printing Pte Ltd

Acknowledgements

The publishers would like to thank the following for permission to
reproduce photographs, and for additional commissioned
photography:

Tony Lees p.34 (left); Life File pp.38 (g), 58, 66, 73 (top), 87; Mexicana
p.65; OUP p.13 (left); Rex Features pp.16 (top left), 17; Richard
Sheppard pp.45, 81 (b and c), 85, 103 (top left, centre right, and
bottom left). All other photographs David Simson.

Cover photograph: Cathedral Xabia, Spain, by David Churchill/Arcaid

The illustrations are by Hemesh Alles pp. 31 (top), 32 (centre left and
right), 34 (top), 90; Peter Brown pp. 21, 31 (bottom), 33 (top and
centre), 53, 61 (bottom), 69, 70, 71 (bottom), 72, 78, 79 (bottom), 81,
85 (bottom), 86, 93, 110, 112, 114, 116, 117; Peter Byatt p. 29 (top);
Nigel Paige pp. 14, 29 (bottom right), 30, 32 (bottom), 33 (bottom), 34
(bottom), 46 (bottom), 65, 79 (top), 85 (top).

Maps and diagrams by HardLines, Oxford, and Peter Ducker. The
authentic handwriting is by Kathy Baxendale, Adelaida Blazco
Cerezuela and Begoña Navarro Huidobro.

The publishers would like to thank the following for permission to
use copyright material:

Caja de Madrid; Cine Benlliure; Complan; Delegación Madrid; El País;
Hotel de Francia y París ; Hotel Turcosa; Iberojet; La Opinión de
Peñuelas-Arganzuela; Madrid metro; Mexican airlines ; Mía; Renfe;
Smash Hits; Pronto; Supertele; Teatro Alcázar; Teleprograma; Vale

The sound recording was made at Post Sound Ltd, London, with
production by Colette Thomson.

Every effort has been made to contact copyright holders of material
reproduced in this book. Any omissions will be rectified in
subsequent editions if notice is given to the publisher.

Contents

Overview of units

Unit	Pages	Area of Experience	Topics covered	Listening and reading opportunities
1 ¡Mucho gusto!	13–20	B	Personal identification Family and friends	Understanding information and people talking about themselves; their family; friends; relationships
2 El tiempo libre	21–28	B	Spare-time activities Hobbies Sport	Understanding information and people talking about sports and hobbies; going out; books; films; concerts; television
3 En casa	29–36	A	House and home Life at home	Understanding information and people talking about houses and homes; household chores; daily routine
4 ¿Dónde vives?	37–44	C	Geographical surroundings	Understanding information and people talking about climate; their area; cities, towns and villages; giving directions; public transport
5 El colegio	45–52	A	Life at school Education	Understanding information and people talking about school subjects; teachers; school facilities; the school day; school rules
6 El trabajo	53–60	D	The world of work	Understanding information and people talking about the jobs they do; qualifications; job advertisements and job applications; part-time jobs
7 ¡Buen viaje!	61–68	B, E	Holidays Accommodation Transport	Understanding information and people talking about types of holidays and holiday plans; hotel accommodation; travel and transport
8 Todo bajo el sol	69–76	B, E	Weather Food and drink Eating out Accommodation Holidays	Understanding information and people talking about the weather; food and drink; bars and restaurants; accommodation complaints
9 Comprar y comer	77–84	A, C	Food and drink Clothes Shopping	Understanding information and people talking about favourite foods; shopping for food; recipes; shopping for clothes; fashion
10 La salud y el bienestar	85–92	A	Health and fitness Accidents	Understanding information and people talking about ailments and remedies; general fitness; accidents
11 Los servicios públicos	93–100	D, E	Travelling by car Public services Lost property	Understanding information at the garage; at the post office; at the bank; at the lost property office; understanding useful telephone numbers; consumer complaints
12 Una mirada al mundo	101–108	D, E	Spain and Europe Spain and the world Current affairs Books and the press Advertising	Understanding information and people talking about learning languages; magazines; books; crime; understanding the news and advertisements

Speaking and writing opportunities	Role play situations	Grammar focus
Talking and writing about yourself, family and friends		The present tense Use of infinitives
Talking and writing about your hobbies; favourite sports; books; films; television; leisure opportunities in your area	Making arrangements to go out Buying tickets for the cinema	The preterite tense
Talking and writing about your home and your daily routine	Staying with an exchange partner	Reflexive verbs
Talking and writing about your area and its climate; details about your city, town or village	Giving directions Using public transport	Gender and articles Agreement of adjectives
Talking and writing about your school; school subjects; teachers; the school day; school rules		The future tense
Talking and writing about your family's jobs; your part-time job; writing a CV and a letter of application		Indirect speech
Talking and writing about holidays; holiday plans; accommodation; travel and transport; writing letters of reservation and complaint	At the campsite Buying tickets at the train station	The present continuous The past continuous
Talking and writing about the weather; describing a holiday; writing letters of complaint	Ordering in a bar Ordering in a restaurant At the hotel	The imperfect tense Combining the preterite and the imperfect tenses
Talking and writing about favourite foods and typical dishes; recipes; fashion tastes	Buying food Buying clothes	Demonstrative adjectives Possessive adjectives and pronouns Interrogatives
Talking and writing about general fitness; explaining what is wrong; describing an accident	At the chemist's At the doctor's	**Ser** and **Estar** **Por** and **Para** Prepositions
Writing a consumer complaint letter; describing a day full of misadventures	At the garage At the post office At the bank At the lost property office	The perfect tense Pronouns
Discussing and giving opinions on the importance of learning languages; views on Europe; types of magazines; books; crime	Reporting a robbery	The conditional tense The subjunctive

Introduction

Welcome to ¡Mucha suerte!

If you are taking your GCSE exam in Spanish, then this book is for you. It will help you to prepare effectively for all the different parts of the exam, to ensure you get the highest grade you can.

Your teacher may work through the book with you in class or you can use it on your own to help you with your revision. The book is divided into a number of sections to help you organise your work and to help you look things up easily.

The book is accompanied by a cassette of which your teacher can make copies so that you can work through the listening activities on your own for homework or as part of your revision.

Overview of units (pages 4–5)

This chart shows you what topics, vocabulary, role plays and grammar points you will find where. If, for example, you want to revise role plays at the campsite, look down the role play column until you find them (in Unit 7).

GCSE exam fact file (pages 7–11)

Here you will find information about the revised GCSE exam which you will be taking. It explains the different parts of the exam and gives you useful tips on revising for it. It also gives a list of useful phrases in Spanish which you will need to know in order to understand both the questions in this book and the questions in the exam itself (see page 11).

The units (pages 13–108)

The main part of the book is divided into 12 units (Unidades). Each unit follows a theme from the exam syllabus. You will find a list of the themes in the Overview of units chart.

In each unit there are listening, speaking, reading and writing activities which prepare you for the questions which are likely to appear in your exam. For the listening activities you will need to use the cassette which accompanies the course. The speaking activities can be done with a partner and perhaps then recorded onto a cassette. The reading and writing activities will test your ability to understand and write

in Spanish. Within each unit you will find that the activities become increasingly difficult as they correspond to the higher levels of the exam.

At the end of each unit you will find a section called Práctica which allows you to practise the grammar points which appear in the unit.

Finally there is a section called Vocabulario which lists key words related to the topic. Throughout the units you will also find useful hints to help you prepare for the different types of questions.

Pruebas de control (pages 109–117)

This section is made up of a number of mini-tests. Your teacher may give you these to do in class or you could use them youself as part of your revision. There are four Pruebas de control: the first revises units 1–3; the second revises units 4–6; the third revises units 7–9; and the last one revises units 10–12.

Grammar summary (pages 118–129)

This provides a summary of the main points of grammar which you will need at GCSE level. There is also a verb table which lists the main verbs which you are likely to need (see pages 126–9).

Cassette transcript (pages 130–139)

Here you will find the text of all the listening activity materials which are on cassette. Always listen to the cassette on its own first but if you find it difficult to follow a listening activity, try reading the text as you listen to the cassette.

Answers (pages 140–144)

Here you will find the answers to the listening, reading and Práctica activities. Use the answers to check how you have done after you have had a go at an activity.

We hope that you will find ¡Mucha suerte! a useful aid to your revision. Look through the book now to find the different sections mentioned above so that you will know how to use it when planning and doing your revision.

¡Que tengas mucha suerte!

GCSE exam fact file

The GCSE exam

What will I be tested on?

It is important to be prepared when taking exams and one of the first things you need to know is what you will be tested on. Your teacher can tell you which examination board is setting the papers and although each board sets slightly different tests, they all have the following points in common.

You will be tested on your ability to listen to, speak, read and write Spanish in various situations in which you may find yourself when visiting Spain on holiday or for work, or when meeting Spanish-speaking visitors in this country.

The examination syllabus covers five themes or areas of experience (AoE).

Area of experience	Topics covered
A	*Everyday activities* School; Life at home; Talking about TV, music, books and films; Health and fitness; Food
B	*Personal and social life* Talking about yourself, family and friends; Free time and social activities; Arranging to go out; Sport
C	*The world around us* Talking about your home area; Finding the way; Climate and weather; Shopping; Travel and transport
D	*The world of work* Qualifications and future plans; Jobs and part-time jobs; Advertising; Public services
E	*The international world* Tourism in Spain and Latin America; Holidays; Accommodation; Current affairs

How will I be tested?

You will take a separate test in each of the four skill areas below.

Listening and responding

You will listen to a variety of different types of spoken Spanish. Listening material may include instructions, telephone messages, dialogues, descriptions, short news items and interviews.

The questions will require you to answer in a variety of ways, such as filling in a grid, matching items, multiple-choice questions, true or false questions, taking notes in Spanish or interpreting what is said.

Speaking

There are three parts to the speaking test: role play, conversation and narration.

In the role plays you will be given a scene to act out with your teacher. The instructions might be written in Spanish or presented through pictures.

In the conversation you will be asked to talk about yourself, your family, your interests, your home and area, and your school.

Finally, you will be expected to narrate an event or an incident based on simple guidelines in Spanish or presented in pictures.

Reading and responding

You will read a variety of different types of written Spanish. Reading material may include signs, notices, short advertisements, messages and letters (some of which will be handwritten), and newspaper and magazine extracts.

The questions will require you to answer in a variety of ways, such as matching items, multiple-choice questions, true or false questions, taking notes in Spanish or interpreting what is written.

Writing

The writing test will contain a range of material to respond to. These might include pictures, notes, postcards or letters.

You might be asked to write any of the following: a message, a postcard, an informal letter (to a penfriend, for example) or a formal letter (to book a hotel room, for example), a short article (for a school magazine, for example) or an imaginative piece of writing (an account of the day you went shopping and everything went wrong, for example).

How will the tests be graded?

Below is a rough guide of what you need to do in each of the four skill areas in order to get a grade C or A.

Listening and responding
To get a grade C, you will need to:
- identify and pick out the main points and some specific details from what you hear
- identify the opinions of the people speaking
- show that you understand references to the past, present and future
- show that you understand language with which you are familiar, even when used in unfamiliar contexts.

To get a grade A, you will also need to:
- recognise the points of view, attitudes and emotions of the people speaking
- draw conclusions from what you hear
- explain extracts.

Speaking
To get a grade C, you will need to:
- express your opinions in conversation
- refer to events in the past, present and future
- cope with the unexpected in one of the role plays.

To get a grade A, you will also need to:
- narrate events
- use a range of language to express your ideas and to justify your opinions
- cope with the unexpected in all role plays.

Reading and responding
To get a grade C, you will need to:
- identify and pick out the main points and some specific detail from what you read
- identify the point of view of the writer(s)
- show that you understand references to the past, present and future
- show that you understand language with which you are familiar, even when used in unfamiliar contexts.

To get a grade A, you will also need to:
- work out the meaning of unfamiliar language from the context
- recognise points of view, attitudes and emotions
- draw conclusions from what you read
- explain extracts.

Writing
To get a grade C, you will need to:
- express your opinions in writing
- refer to events in the past, present and future
- write simple formal or personal letters.

To get a grade A, you will also need to:
- use a range of language to express your opinions and to justify your ideas in writing
- give factual information
- produce a longer sequence of written language, such as a short imaginative or descriptive essay.

Preparing for the exam

Although it helps to know what you are likely to be faced with on the day of the exam, another way to increase your confidence and to help you show what you can do is to prepare thoroughly and effectively. Your preparation should begin *months* before the exams begin.

Practise!

¡Mucha suerte! gives you plenty of practice in all the types of task you might be asked to complete in the exam. Activities generally focus on one skill area and skill focus boxes identify strategies which will help you complete the tasks effectively.

> These strategies will also help you in the exam.

Practise often!

Try to find the time to practise as often as possible. Trying to fit in as much as possible at the last minute generally does not work. You gain a lot more from frequent practice months before the exam.

Useful tips

- Read as much as possible. Ask your teacher if you can borrow magazines in Spanish. Using your dictionary and your knowledge of current affairs, you will quickly learn to identify key points.
- Listen to the radio. You can tune into one of the Spanish-speaking radio stations. If you like watching films, hire a video of a film in Spanish which has subtitles.
- Speak Spanish with your friends. Prepare role plays. Practise asking and answering questions. Record yourself and listen to your pronunciation. Then re-record yourself. Try to sound as Spanish as possible.
- Write letters to a Spanish-speaking penfriend. Find

pictures in newspapers and magazines and write captions in Spanish. The pictures can help you remember key words and phrases.

- Grammar practice of key structures is provided in each unit of ¡Mucha suerte! Also look at the examples given in the *Grammar summary* and try to write your own examples using specific structures.
- Learn new words. Practise different methods to try to find the most effective way for you to learn. Below are some suggestions, although you may already have developed your own approach.
- Write lists of words in Spanish with their English meaning beside them. Cover up the English and see how many you understand. Then cover up the Spanish and see how many you can say in Spanish. Extend this activity to writing out the words in order to test your spelling.
- Draw pictures or symbols to help you remember vocabulary related to a specific topic. Test yourself using the pictures.
- Write groups of words on cards and leave these in strategic places so that wherever you go in the house you can just quickly revise a few words.
- Try to call up from memory as many words as possible relating to a specific topic while you are doing something mindless such as brushing your teeth, doing the washing up, or travelling on the bus.
- Build word families to extend your knowledge. For example:

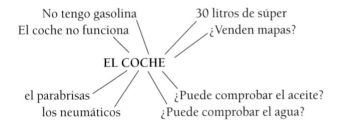

No tengo gasolina
El coche no funciona

30 litros de súper
¿Venden mapas?

EL COCHE

el parabrisas
los neumáticos

¿Puede comprobar el aceite?
¿Puede comprobar el agua?

Will I be able to use a dictionary?

You may be allowed to use a dictionary in some of the tests but it is important to remember that your time is limited. It is a good idea only to use your dictionary to confirm the meaning of a word, or perhaps to check whether it is masculine or feminine. Strategies for using a dictionary effectively are given below.

Using a dictionary

You may be required to use a dictionary in the reading test. It is important to know how to find your way round a dictionary quickly and without wasting time. So practise using your dictionary.

When reading a Spanish text, don't be tempted to look up every single word. You don't need to understand every word. Some you will be able to work out: perhaps they look or sound like English words, or the general context or pictures make the meaning clear. Use your dictionary only to confirm the meaning of a crucial word or to find the meaning of a key word that you cannot guess and that is preventing you from understanding the text generally.

Spanish–English

When you want to look up the English meaning of a Spanish word, go to the Spanish–English section of the dictionary. Sometimes it may happen that more than one equivalent English meaning is given. You must make sure that you choose the correct word based on the context. For example: *muñeca* can mean either 'wrist' or 'doll'. The context must help you decide which you think it is.

English–Spanish

When you want to find the Spanish word for an English word, go to the English–Spanish section of the dictionary. Again, sometimes more than one equivalent word is given in Spanish. In order to make sure that you are using the correct Spanish word, cross-check in the Spanish–English section. For example: relation will give you *relato* (meaning a story) or *pariente* (meaning family relation). Obviously the context you want to create will tell you which you want but you will need to cross-check the word you have chosen to make sure it means what you want it to mean!

The larger the dictionary, the more equivalent meanings it may give. However, the larger the dictionary, the more examples it will give. The best way to understand a word and the ways in which it can be used is by seeing it used in examples.

Some of the more common abbreviations used in dictionaries are:

nm	=	nombre masculino (el)
nf	=	nombre femenino (la)
pl	=	plural
adj	=	adjetivo
adv	=	adverbio
vt	=	verbo
prep	=	preposición

Revision plan

The above strategies will help you throughout the year as you build up towards the exam. However, you do need a revision plan as you approach the exams.

- Set aside some time every day to revise. A little revision every day is more effective than one day a week.
- Determine what you want to revise in each session and stick to it. You will gain nothing from darting from one topic to another within the space of a few minutes. You might want to divide your revision time according to the topics of the units in *¡Mucha suerte!* Revise all the speaking elements related to a chosen topic on one day, then do some reading practice on another day, etc. In this way you can cross-reference what you do and when you do it. Note this down on a calendar or a specially created revision chart.
- Make sure you have a copy of the cassette which accompanies *¡Mucha suerte!*. As well as doing the listening activities in class, it is a good idea to do them again at home. Re-do the activities several times with suitable time intervals in order to get maximum practice. You might also just like to have the tape on while doing the washing up or in the car. The more you listen, the more fluent you become!
- It is a good idea to do some of the reading and writing activities under timed conditions and then to see how you have done. This is excellent exam practice.
- Have a revision programme ready well in time for your mock exam. After the mock, analyse it and see whether you might want to make changes in order to make it more effective. Usually one change is that you need to start even earlier!

On the day...

Once you have reached this stage, you should be well prepared and ready. Here are just a few more tips to help you on the day.

- Before each paper begins, make sure you are concentrating 100%. You need to be keyed into each paper as it starts, not after it has started. This is especially important for the listening exam as you only hear the extracts a few times.
- Read the questions carefully so that you can start each one confidently. In the listening and reading papers the questions help you focus on what you need to understand.
- Don't be tempted to over-use the dictionary. Your time is limited so only use it when you really have to.
- If you find that you can't remember a word in the speaking or writing tests, don't panic and don't give up! Try first of all to jog your memory by remembering when, where and how you learnt the word. If you still can't remember, try to use another word which will do, or try to explain what it is you are trying to say.
- Always check your work and make sure you have left nothing out. In the writing test read your work several times to check that it is accurate. You could focus on something different each time you read it: for example, check the verbs first (tense, person, correct ending), then the agreements of nouns and adjectives (masculine, feminine, singular, plural), and finally once more for the general flow of the passage.

Useful phrases

Here is a list of words to help you understand the instructions
and the questions, both in ¡*Mucha suerte!* and in the exam.

Apunta	*Note down*
Averigua	*Check*
Compara	*Compare*
Completa	*Complete*
Contesta	*Answer*
Copia	*Copy*
Decide	*Decide*
Describe	*Describe*
Elige	*Choose*
Escribe	*Write*
Escucha	*Listen*
Estudia	*Study*
Haz	*Make*
Incluye	*Include*
Indica	*Indicate*
Lee	*Read*
Menciona	*Mention*
Mira	*Look at*
Ordena	*Put in the correct order*
Practica	*Practise*
Pregunta	*Ask*
Une	*Link up*
Usa	*Use*
Utiliza	*Use*

Here are some typical instructions using the above words:

Contesta a las preguntas	*Answer the questions*
Elige la respuesta adecuada	*Choose the correct answer*
Elige el resumen adecuado	*Choose the correct summary*
Escribe una carta contándole...	*Write a letter telling him/her...*
Escribe una carta pidiéndole...	*Write a letter asking him/her...*
Escucha a Narci hablando de...	*Listen to Narci talking about...*
Haz una lista	*Make a list*
Lee esta carta escrita por...	*Read this letter written by...*
Lee estas frases	*Read these sentences*
Lee el anuncio	*Read the advert*
Lee el extracto	*Read the extract*
Lee el artículo	*Read the article*
Ordena las frases para hacer un diálogo	*Put the sentences in the order to make a dialogue*
Practica con un compañero/una compañera	*Practise with a partner*
Practica el diálogo cambiando los detalles	*Practise the dialogue changing the details*
Une las frases	*Link up the sentences*
Une las frase con los dibujos/las fotos	*Link up the sentences with the pictures/photos*
Une las preguntas con las respuestas	*Link up the questions with the answers*

¡Mucho gusto! 1

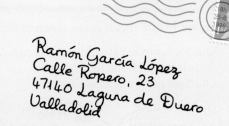

Ramón García López
Calle Ropero, 23
47140 Laguna de Duero
Valladolid

1 A Mira el sobre y apunta los detalles siguientes:

Nombre
Apellidos
Dirección
Población
Provincia
C.P.

B Copia el boletín de suscripción. Escucha y apunta los detalles del chico que habla.

C Practica estas preguntas con un compañero/una compañera:

1 ¿Cómo te llamas?
2 ¿Cuántos años tienes?
3 ¿Cuándo es tu cumpleaños?
4 ¿Dónde vives?
5 ¿Cuál es tu número de teléfono?

BOLETÍN DE SUSCRIPCIÓN

Nombre: ....

Dirección: ....
....

Población: ....
....

.... C.P: ....

Provincia: ....

Teléfono ....
.... Edad: ....

Firma

2 A Escucha a Narci hablando de su familia y corrige las frases siguientes:

1 Hay cinco en su familia.
2 Tiene dos hermanos y una hermana.
3 Tiene un perro.

B Escucha otra vez a Narci y contesta a las preguntas:

1 ¿Cómo son los ojos de la madre de Narci?
2 ¿Cómo es el padre de Narci?
3 ¿Cómo tiene el pelo la hermana de Narci?
4 ¿Cuál de las dos fotos es de Narci?

C ¿Y tú?
¿Cuántos hay en tu familia?
¿Tienes hermanos?
¿Tienes animales domésticos?
¿Cómo eres?
¿A quién te pareces más de tu familia?

a

b

Read the questions carefully
before listening to the cassette.

3 **A** Lee estas cartas escritas por dos chicas y publicadas en una revista para jóvenes.

■ Mercedes. Si eres un chico/una chica de 15 años en adelante; si te gusta la música, los deportes y eres simpático/a, escríbeme. Mi dirección es: Joaquín Sorolla, 3, bajo izquierda. 18600 Granada.

■ ¡Hola! Me llamo María Teresa, tengo 16 años y me gustaría mantener correspondencia con chicos inteligentes, simpáticos, sinceros y que tengan entre 15 y 20 años. A ser posible, que vivan en Sevilla. C/ Don Pelayo n° 9, 1°, 41720 Sevilla

Ahora lee lo que dicen estos cinco jóvenes y contesta a las preguntas:

1 ¿Quiénes pueden escribir a Mercedes?
2 ¿Y quiénes a María Teresa?
3 ¿Quiénes no son adecuados?

Me llamo Raúl. Tengo dieciséis años y soy bastante inteligente y simpático. Vivo en Granada.

Me llamo Gloria. Tengo quince años y soy inteligente, simpática y sincera. Vivo en Granada.

Me llamo Luis. Tengo catorce años. Soy simpático y me encanta escuchar música. Vivo cerca de Salamanca.

Me llamo Fátima. Tengo trece años y me encantan la música y los deportes. Vivo en la provincia de Salamanca.

Me llamo Pedro. Tengo diecisiete años y soy sincero y simpático. Vivo en Madrid.

B ¿Y tú?
¿Cómo eres de carácter?
¿A quién te pareces más de tu familia?
¿Te llevas bien con tu familia?

Use the vocabulary section on page 20 to help you with useful phrases.

4 Lee el anuncio de David. Luego escucha la descripción de tres chicas – Pilar, Carmen y Ana. Decide cuál es más adecuada para ser la novia de David.

Listen and jot down notes while you listen.

¡Hola! Me llamo David, tengo 22 años y busco una chica rubia, simpática, cariñosa, alegre e inteligente, de entre 17 y 19 años, que quiera ser mi novia y me acepte tal y como soy. C/ Miguel Hernández, 5, 37008 Salamanca.

5 Lee los anuncios siguientes y contesta a las preguntas:

1 ¿De qué nacionalidad es Pedro?
2 ¿De qué nacionalidad es Nadia?
3 ¿Qué tienen en común María y Nadia?
4 ¿Qué tienen en común Kajai y Pedro?

Sin Fronteras

Soy una chica española que le gustaría tener amigos de todo el mundo, especialmente de Brasil. María Barajas Mejía. C/ Los Palacios, 3, 5° dcha, 31300 Tafalla (Navarra).

¡Hola! Aquí un joven marroquí que quiere mantener correspondencia con gente de España, porque me gusta su lengua y quiero mejorarla. Tengo 19 años. Kajai Chaoui, N° 21, Rue 1, Tranche 1, Casablanca (Marruecos).

Busco amigos de todas las partes del mundo, preferentemente de España. Pedro Luis Rodríguez Bucio, 4ta, Avenida Simón Bolívar 33, Santiago de Cuba (Cuba).

¡Hola! Me gustaría escribirme con chicos/as de todo el mundo. Soy una chica sincera y prometo contestar a todas las cartas. Nadia Requena Medio, C/ Palencia, 63, 58000 Morelia, México.

6 A Lee las declaraciones de estos cinco estudiantes.

Nombre: Roberto
Edad: 19
Sueño para el futuro: encontrar un buen trabajo, una buena chica y formar una buena familia.

Nombre: Manuel
Edad: 18
Sueño para el futuro: tener un buen trabajo y salud

Nombre: David
Edad: 18
Sueño para el futuro: como toco la guitarra, me gustaría llegar a ser algo en el mundo de la música

Nombre: Pablo
Edad: 19
Sueño para el futuro: tener una carrera interesante y tener mucho dinero

Nombre: Alejandro
Edad: 18
Sueño para el futuro: demasiadas cosas, pero sobre todo encontrar un buen trabajo

Luego, escucha una entrevista con ellos y escribe sus nombres en el orden en que hablan.

B Contesta a las preguntas:

1 ¿Cómo se llama el chico que quiere casarse y tener hijos?
2 ¿Quién es el chico al que le gusta la música?
3 ¿Cómo se llama el chico que quiere ser rico?
4 ¿Cuál de los chicos no quiere estar enfermo nunca?
5 ¿Cuál es el sueño más común entre los chicos?

C ¿Y tú?
¿Cuál es tu sueño para el futuro?

Ejemplo: Mi sueño para el futuro es tener... /encontrar a... llegar a ser...

7 Haz una lista de todas las preguntas de esta unidad y practícalas con un compañero/una compañera.

Prepare your answers with as much detail as you can. Record your answers. Do they sound clear?

8 Lee el anuncio de Roberto y escríbele una carta. Incluye detalles personales, como eres, lo que te gusta, y describe tu sueño para el futuro. También hazle preguntas.

Me llamo Roberto y me gusta cartearme con mucha gente de 0 a 100 años. Roberto Fdez. Plano. C/ Monte Casco, 3, 2b. 33205 Gijón (Asturias).

Querido Roberto:

Use the language practised in this unit and the vocabulary section on page 20 to write this letter.

9 La chica de la foto se llama Doña Elena. Es la hija mayor del Rey Juan Carlos de España. Doña Elena está casada con Jaime de Marichalar.

Lee estas 10 cosas sobre Jaime.

10 COSAS SOBRE Jaime de Marichalar

1. Nació en Pamplona, el 7 de abril de 1963. Es el cuarto hijo del fallecido Conde de Ripalda.

2. Cursó secundaria en un colegio de Jesuitas.

3. Es máster en Gestión de Empresa y Marketing.

4. Trabaja para la banca privada en París.

5. Una prima suya le presentó a la Infanta en esta ciudad, en 1987.

6. La Guardia Real habla de él como un joven tímido y reservado.

7. Practica habitualmente equitación y esquí.

8. Igual que a doña Elena, le gustan los niños.

9. Su único vicio conocido es el tabaco.

10. Se declaró a la Infanta varias veces antes de que ella aceptara.

Lee estas frases y averigua si son verdad o mentira:

1 Jaime de Marichalar es español.
2 El cumpleaños de Jaime es el siete de abril.
3 El padre de Jaime está muerto.
4 Jaime tiene cuatro hermanos.
5 Jaime es profesor en un colegio de Jesuitas.
6 Jaime tiene un diploma universitario.

7 Jaime conoció a su mujer en 1985.
8 Jaime es un chico bastante extrovertido y hablador.
9 Jaime es un chico deportista.
10 Probablemente Doña Elena y Jaime querrán tener muchos hijos.

10 Escribe 10 cosas sobre tu mejor amigo o amiga.

> **Check your knowledge of verbs in the third person singular (él/ella) in the verb table on pages 126–129.**

11 Lee este dramático anuncio y contesta a las preguntas:

DESAPARECIDO

Solicitamos la ayuda de los lectores para encontrar a nuestro hermano, Manuel Solano, que desapareció del domicilio familiar en San Sebastián el 2 de mayo de este año. Es hijo de José y Natalia, tiene 31 años de edad y mide 1,90 de estatura.

1 Manuel:
  a) ha muerto
  b) ha desaparecido
  c) se ha casado
  d) se ha divorciado.

2 La fecha de nacimiento de Manuel es el dos de mayo. ¿Verdad o mentira?

3 La carta ha sido escrita por:
  a) sus hermanos
  b) sus padres.

4 Los hermanos de Manuel se llaman José y Natalia. ¿Verdad o mentira?

5 Manuel es un hombre:
  a) alto y mayor
  b) alto y joven
  c) bajo y joven
  d) bajo y mayor.

12 **A** Lee este artículo y contesta a las preguntas:

1 ¿De qué nacionalidad es Paula?
2 ¿Vive en Nueva York, en Los Ángeles, o en las dos ciudades?
3 ¿Es principalmente bailarina, actriz o cantante?
4 ¿Su madre tiene la misma profesión que Paula?
5 Los amigos de Paula la llaman Paula Summer. ¿Por qué?
   a) porque sólo trabaja en verano
   b) porque es muy popular con sus amigos
   c) por su carácter y su físico
   d) porque su cumpleaños es en verano.

B Une las frases siguientes a las equivalentes del texto. Luego, ponlas en orden para hacer un resumen del texto.

1 También la llaman «Summer».
2 Actualmente viaja mucho.
3 Tuvo un papel en un programa televisivo.
4 Recibió dinero para estudiar.
5 Se ha olvidado de dónde viene exactamente.

> You will need to add basic details from the text in order to 'pad out' your summary.

La nueva cantante de Snap
TE PRESENTAMOS A...

Paula Brown

● Paula Brown nació en Washington, tiene 26 años y vive a caballo entre Nueva York y Los Ángeles.

● Obtuvo una beca a los 13 años para la New York City School of Ballet y más tarde se unió a la Alvin Ailey American Dance.

● Incorpora a sus shows unas trepidantes coreografías, y es que la chica de baile sabe un rato, porque participó en la serie televisiva Fama y ha intervenido como bailarina en videoclips y conciertos de Paula Abdul, Janet Jackson y Prince. De tal palo tal astilla, ya que su madre es profesora de baile.

● La cantante es también conocida dentro del mundillo artístico y por sus colegas por el alias «Summer», un apodo que le pusieron sus amigos desde que era muy pequeña y que no recuerda muy bien de dónde procede: «Habría que preguntárselo a ellos, mis amigos, pero creo que viene un poco por mi físico – ella es negra, pero tiene el pelo y los ojos de color claro – y en parte también por mi carácter, porque soy una persona muy alegre y extrovertida... No sé, recuerdo un poco al verano.»

---

13 La presentadora de un programa de radio lee una carta. Escucha y contesta a las preguntas:

1 ¿Quién ha escrito la carta?
   a) dos hermanos de 15 años
   b) dos hermanos de 13 y 15 años
   c) dos hermanos de 13 años.

2 Sus padres son:
   a) crueles con ellos
   b) indiferentes hacia ellos
   c) severos.

3 Sus padres no les dejan ver la tele:
   a) nunca
   b) durante la semana
   c) los fines de semana.

4 Cuando ven la tele:
   a) sus padres se esconden
   b) sus padres esconden la televisión
   c) sus padres se enfadan mucho.

5 Sus amigos del colegio:
   a) se ríen de ellos
   b) les comentan los programas
   c) les invitan a ver la tele.

6 Quieren saber:
   a) si ver la televisión no es bueno
   b) si deben hablar con sus padres
   c) si hay una solución.

> In the exam, you can only listen twice but at this stage, listen as many times as you need to. Read the questions carefully before listening to the cassette.

14 Lee esta carta. ¿Qué problema tiene la lectora?

MIS PADRES ME CASTIGAN

¡Necesito ayuda! Soy una chica de 13 años con un grave problema: me han castigado. Sí, ya lo sé, a todos nos castigan pero a mí me han castigado muy severamente. Mis padres lo hacen a menudo. Por favor, dadme un consejo para hacerles entrar en razón. No quiero pasarme la vida así.

¿Y tú? ¿Te llevas bien con tu familia? ¿Son tus padres estrictos? ¿Tenéis a veces una pequeña discusión?
Los problemas típicos pueden ser que:

Mis padres dicen que veo demasiadas horas de tele al día. Yo no estoy de acuerdo. Necesito ver la tele para relajarme. Deberían dejarme en paz.

Mi madre dice que llego demasiado tarde después de salir con mis amigos. No entiendo su actitud. Todos mis amigos llegan a la misma hora. Debería dejar de preocuparse.

Necesito más dinero para comprar ropa y salir con mis amigos. Mis padres dicen que tengo que trabajar para ganar dinero. ¿Cómo puedo trabajar y estudiar al mismo tiempo?

Mi hermano menor no tiene que ayudar en casa pero yo sí. No es justo. Yo tengo que fregar y hacer las compras mientras que él no hace nada. Debería ayudar también.

Escribe una carta sobre tu relación con tu familia y describe los problemas que ocurren a veces.

> Use the useful phrases in the vocabulary section on page 20 as well as the *Práctica* in Unit 6 (page 59) to help you.

15 Lee esta carta que apareció en una revista y contesta a las preguntas:

1 ¿Escribe un chico o una chica?
2 ¿Cuántos años tiene?
3 ¿Cuál es su gran ventaja en la vida?
4 ¿Cuál es su gran desventaja en la vida?
5 ¿Tiene que estudiar más o menos que sus hermanos?
6 ¿Por qué quiere ser como su hermana mayor?
7 ¿Cómo se siente?

'Soy guapa, pero me falta inteligencia'

Tengo 17 años y soy la menor de cuatro hermanos. Todo el mundo dice que soy la más guapa, pero yo sé que también soy la menos inteligente. Los tres sacan siempre muy buenas notas y yo me tengo que esforzar muchísimo para conseguir un simple aprobado. Mi hermana mayor, de 23 años, me dice que soy preciosa y que siente por mí una envidia sana, pero yo cambiaría mi belleza por su inteligencia sin dudarlo. El problema es que considerarme la menos inteligente de la familia me hace estar muy deprimida. ¿Qué me aconseja? Espero su respuesta. Gracias.

16 A Mira las dos fotos de una presentadora española.
Haz dos listas con las frases siguientes para describirla ayer y hoy.

Era tímida.   Tenía el pelo largo y oscuro.   Lleva ropa de moda.

Tiene el pelo más corto y más rubio.   Estaba más gorda.   Es más guapa.

Es más extrovertida.   Vestía discretamente.

B Haz una lista de los tres verbos que están en el presente y escribe su equivalente en el imperfecto.

Ejemplo: **Tiene   Tenía**

Luego haz otra lista de los cuatro verbos que están en el imperfecto y escribe su equivalente en el presente.

Luego, escribe una carta a tu amigo/a por correspondencia y compara cómo eras de niño/a y cómo eres ahora.

> Use the verb table (pages 126–129) to help you.

AYER HOY

Su actual aspecto físico, que ha mejorado con el tiempo, le da a Nieves Herrero una personalidad que no tenía cuando era «chica Hermida».

Práctica

Uso del presente

1 Pon la forma adecuada del presente.

Ser

Me llamo Pedro. (Ser) español. Mi madre (ser) de Madrid pero mi padre (ser) de Valencia. Los dos (ser) muy amables. (Ser) todos muy simpáticos y (ser) una familia muy unida. Y tú ¿de dónde (ser)? ¿(Ser) una familia muy grande?

Estar

Mi casa (estar) en el centro de la ciudad pero mi colegio (estar) en las afueras. Afortunadamente la estación de metro y la parada de autobuses (estar) cerca de mi casa. En este momento (estar) contento porque mi familia y yo (estar) haciendo planes para las vacaciones. Y tú ¿qué tal (estar)? ¿Y tu familia? ¿(Estar) todos bien?

Tener

(Tener) una familia bastante grande. (Tener) dos hermanos y dos hermanas. Mi hermano mayor (tener) dieciocho años y mi hermano menor (tener) trece años. Mis hermanas (tener) diez y ocho años. Mis hermanos y yo (tener) un perro. Y tú ¿(tener) hermanos o hermanas? ¿(Tener) animales en casa?

Hacer

Yo (hacer) los deberes cuando llego a casa pero mis hermanos siempre (hacer) los deberes muy tarde por la noche. Luego ayudo a mi madre cuando (hacer) la comida. Los domingos nosotros (hacer) una excursión. Y tú ¿qué (hacer) los domingos? ¿Vosotros (hacer) algo especial?

Ir

Me gusta salir con amigos. (Ir) con ellos todos los viernes al cine. Luego (ir) todos a la discoteca. Mi hermano mayor (ir) con sus amigos a tomar una copa. Mis padres (ir) a veces al teatro. Y tú ¿(ir) a veces al cine o al teatro? Si sales con tus amigos ¿adónde (ir)?

2 Pon la forma adecuada del presente.

1 Cuando voy al restaurante siempre (comer) pescado.
2 El autobús siempre (llegar) tarde.
3 Mis padres (preparar) la comida juntos.
4 Mi hermana y yo (salir) todos los viernes con nuestros amigos.
5 Mis padres (beber) vino tinto todos los días.
6 Me gusta leer pero sólo (leer) revistas.
7 ¿(Poder) decirme dónde vives?
8 Normalmente (volver) del colegio a las cuatro.
9 Tu familia y tú (poder) venir a mis casa.
10 El profesor siempre (poner) muchos deberes.

3 Completa la frase con los verbos abajo.

1 _____ libros de ciencia ficción.
2 Mi familia y yo _____ de vacaciones a Grecia este año.
3 Cuando estoy de exámenes _____ mucho todos los días.
4 Me gustaría ver la película pero antes _____ el libro.
5 Mis amigos y yo _____ juntos todos los fines de semana.
6 Vamos en autobús pero _____ en taxi.

| tengo que estudiar | suelo leer | solemos salir | tenemos que volver | queremos ir | quiero leer |

Vocabulario

la familia	family
la abuela	grandmother
el abuelo	grandfather
la hermana	sister
el hermano	brother
la hermanastra	stepsister
el hermanastro	stepbrother
la hija	daughter
el hijo	son
la hijastra	stepdaughter
el hijastro	stepson
la madre	mother
el padre	father
la madrastra	stepmother
el padrastro	stepfather
la mujer	wife
el marido	husband
la nieta	granddaughter
el nieto	grandson
los padres	parents
la prima	cousin (f)
el primo	cousin (m)
la sobrina	niece
el sobrino	nephew
la tía	aunt
el tío	uncle

Te presento a...	May I introduce you to...
¡Mucho gusto!	Pleased to meet you
Encantado/a	Pleased to meet you

estar casado/a	to be married
estar divorciado/a	to be divorced
estar muerto/a	to be dead
ser soltero/a	to be single

Me llevo bien con...	I get on well with...
Me llevo mal con...	I don't get on well with...
Me tratan como a un adulto.	They treat me like an adult.
Mi familia me respeta.	My family respects me.
Me peleo mucho con mi hermano.	I fight a lot with my brother.
Discutimos mucho en casa.	We argue a lot at home.
Mis padres me regañan.	My parents tell me off.
Mis padres me castigan.	My parents punish me.

descripciones	descriptions
Tengo...	I have...
los ojos azules	blue eyes
grises	grey eyes
marrones	brown eyes
negros	black eyes
verdes	green eyes

el pelo blanco	white hair
castaño	dark brown hair
corto	short hair
gris	grey hair
largo	long hair
liso	straight hair
negro	black hair
pelirrojo	red hair
rizado	curly hair
rubio	fair hair

ser calvo/a	to be bald
ser delgado/a	to be slim
ser gordo/a	to be fat
ser alto/a	to be tall
ser bajo/a	to be small
no ser ni alto/a ni bajo/a	to be neither tall nor small

ser agradable	to be pleasant
ser animado/a	to be lively
ser antipático/a	to be unfriendly
ser bueno/a	to be good
ser desagradable	to be unpleasant
ser extrovertido/a	to be extrovert
ser malo/a	to be bad
ser perezoso/a	to be lazy
ser reservado/a	to be reserved
ser simpático/a	to be friendly
ser sociable	to be sociable
ser tímido/a	to be shy
ser trabajador(a)	to be hard-working

tener mucho carácter	to have a strong character
estar de buen/mal humor	to be in a good/bad mood
tener el mismo carácter que...	to have the same character as...

El tiempo libre 2

1 A Escucha lo que hacen estos cuatro jóvenes en su tiempo libre.
Elige dos actividades que corresponden a cada persona.

María Luisa

Nacho

Javier

Pilar

B ¿Y tú?

¿Qué te gusta hacer en tu tiempo libre?

Me gusta ...   Me encanta ...   Me interesa ...   Salgo ...   Voy a ...   Toco ...

2 Escucha otra vez a María Luisa, Nacho, Javier y Pilar que hablan de los
deportes y para cada joven contesta a estas preguntas:

1 ¿Qué deportes les gustan?
2 ¿Qué deportes practican?
3 ¿Cuántas veces a la semana?

3 Mira esta lista de las mejores películas
según cuatro periodistas de:

1 Teleprograma
2 Fotogramas
3 El País
4 ABC.

Escucha los comentarios (a–h) sobre las
películas y apunta el periodista que habla
(1–4).

PELÍCULAS
OPINIÓN DE LA CRÍTICA

	1 Teleprograma	2 Fotogramas	3 El País	4 ABC
Muy buena 😀 Regular 😐				
Buena 🙂 Mala 😖				
Pesadilla antes de navidad	🙂	🙂	😀	🙂
Ladybird, Ladybird	🙂	🙂	😀	🙂
Forrest Gump	🙂	🙂	🙂	😐
Rojo	😐	🙂	😀	😐
El Rey León	😀	🙂	🙂	😐
El detective y la muerte	🙂	🙂	😖	😐
Alegre ma non troppo	😀	😐	🙂	🙂
Mentiras arriesgadas	😀	🙂	🙂	😀
Cuatro bodas y un funeral	🙂	😐	😐	🙂
El gran salto	😀	🙂	😐	🙂

4 A Lee esta carta que escribe Elena a su amigo por correspondencia Paul y contesta a las preguntas:

¡Hola Paul!
Sólo quiero recordarte que cuando vengas a España no se te olviden tus zapatillas de deporte. Vamos a poder jugar al baloncesto con mis amigos. Juego al baloncesto dos o tres veces a la semana. También voy a la piscina todos los días, así que no se te olvide el bañador. Pertenezco a un club de deportes aquí en el pueblo. ¡Está fenomenal! Por cierto, ¡no te olvides la raqueta!

Hasta muy pronto,
Elena

8ο%

1 Elena le escribe para: a) invitarle
   b) recordarle   c) regañarle
   d) disculparse.
2 Elena es aficionada: a) a la lectura
   b) a los juegos   c) al deporte
   d) a la pintura.
3 ¿Para qué deporte van a necesitar el bañador?   a) el esquí   b) el fútbol
   c) la natación   d) el baloncesto.
4 También Elena y Paul van a practicar:
   a) el tenis   b) el golf   c) el ciclismo
   d) el atletismo.

B ¿Y tú...?

1 ¿Perteneces a algún club deportivo?
2 ¿Qué deportes te gustan?
3 ¿Qué deportes practicas?
4 ¿Cuántas veces a la semana?
5 ¿Juegas en un equipo?

5 Lee el principio de esta carta:

¡Hola! Soy tu nuevo amigo por correspondencia. ¿Qué tal? Te escribo para contarte mis intereses. Me encanta leer. Suelo comprar libros en la librería y leo antes de dormir por las noches. Me gustan mucho los libros de ciencia ficción y tengo una colección

¿Y tú...?

1 ¿Te gusta leer?
2 ¿Qué tipo de libros te gustan?
3 ¿Compras los libros en la librería o los sacas de la biblioteca?
4 ¿Cómo se llama el último libro que has leído?

6 A Lee este anuncio para una obra de teatro.

1 ¿Cómo se llama la obra de teatro?
2 ¿Dónde está el teatro?
3 ¿Con este anuncio puedes obtener una butaca gratuita o más barata?
4 La oferta no es válida los viernes, ¿verdad o mentira?

B ¿Y tú...?

1 ¿Te gusta ir al teatro?
2 ¿Qué prefieres, el teatro o el cine?

7 Pregunta a tu compañero/compañera
si quiere hacer algo contigo.

Invitaciones

piscina 10.30 la piscina	museo 4.00 el centro	bar 9.00 el bar	restaurante 9.30 mi casa
cine 4.00 el cine	biblioteca 2.30 el colegio	casa de amigos 8.00 la parada de autobuses	teatro 8.45 mi casa
pista de hielo 3.00 entrada	fiesta 7.30 tu casa	discoteca 11.00 entrada	concierto sábado / 8.00 tu casa

Tu compañero/compañera elige la respuesta que corresponde.

Ejemplo de aceptación:

A: ¿Quieres ir al museo esta tarde?
B: Sí, ¿a qué hora?
A: A las cuatro.
B: ¿Dónde quedamos?
A: En el centro.
B: Muy bien, hasta luego.

Ejemplo de rechazo:

A: ¿Quieres ir a la biblioteca esta tarde?
B: Lo siento, no puedo. Tengo que
ayudar en casa.
A: Bueno, quizá mañana. ¡Adiós!

Pretextos

		No tienes dinero	Quieres ver una película en la tele
Tienes catarro	Es aburrido	Prefieres quedarte en casa	Tienes muchos deberes en casa
Estás cansado/a	Tienes que ayudar en casa	Tienes que levantarte temprano mañana	Tienes que cuidar de tu hermano/a
No te gusta	Estás enfermo/a		

8 A Quieres ir al cine esta tarde. Ordena el diálogo y practícalo con tu compañero/compañera.

1 ¿Qué película ponen esta tarde?
2 ¿A qué hora empieza la película?
3 ¿Cuánto cuesta una entrada?
4 ¿Quedan entradas para la sesión de la tarde?
5 Deme dos entradas para el Rey León, por favor.

a Empieza a las ocho y cuarto.
b Muy bien. Son 6 euros 50 céntimos.
c Ponen el Rey León.
d Una de patio cuesta 3 euros 25 céntimos.
e Sí, todavía quedan.

B Practica el diálogo varias veces
cambiando los detalles.

```
         BENLLIURE
    ALCALÁ, 106, MADRID
   EL REY LEON
   SALA    SESIÓN      FECHA
    1     20:15    25-1-03
            PATIO
   F : 12  B : 10
        IVA INCLUIDO 6%
  PVP: 3,75€ - NORMAL
```

9 A Mira los extractos de una guía de televisión y lee las respuestas (1–8) de una encuesta sobre los programas preferidos.

Viernes, 23

09,10 Entrevistas.
☐ Los desayunos de Radio 1. **TVE 2**

09,30 Telenovela.
☐ Emperatriz. **TVE 1**

10,00 Coloquio.
☐ Preguntas y respuestas. **TVE 2**

11,00 Magazine.
☐ Verde que te quiero verde. **TVE 1**

11,15 Magazine.
☐ Pasa la vida. **TVE 1**

12,10 Serie.
☐ Corazones salvajes. **TVE 2**

13,00 Serie.
☐ El coche fantástico. **A 3**

14,00 Justicia.
☐ Veredicto. **TELE 5**

15,00 Concurso.
☐ Cifras y letras. **TVE 2**

15,30 Documental.
☐ Grandes documentales. **TVE 2**

15,30 Magazine.
☐ La vida alrededor. **TELE 5**

17,00 Película.
◼ «El liquidador». 1991. Canadá. **TVE 2**

---

1 Me gustan los programas donde se puede ganar premios.
2 Me encantan los programas con muchos episodios.
3 Me gustan los programas con historias de amor y traición de muchos episodios.
4 Me interesan los programas de ejercicio físico y de competición.
5 Prefiero los programas con mucha variedad: entrevistas, actuaciones musicales, reportajes.
6 Lo que más me gusta son los programas para niños.
7 Me gustan los programas educativos con los cuales pueda aprender algo.
8 Me encantan los largometrajes de cine recientes.

Luego para cada persona (1–8) contesta a estas preguntas (a–d):
a ¿Qué programa o programas de la guía aconsejas?
b ¿En qué día?
c ¿A qué hora?
d ¿En qué cadena?

Ejemplo:

1 a Concurso   b viernes   c 15.00   d TVE 2

Domingo, 25

09,10 Serie.
☐ Dinosaurios. **TVE 1**

09,30 Infantil.
☐ El gran circo de TVE. **TVE 1**

12,00 Deporte.
☐ Retransmisiones en directo. **TVE 2**

13,30 Animales.
☐ Uno más en la familia. **TVE 1**

15,30 Película.
◼ «Muerte en los pantanos». **TVE 1**

15,30 Serie.
☐ Willy Fog. **TVE 2**

17, 30 Serie.
☐ El abogado Matlock. **TVE 2**

19,30 Serie.
☐ Cobra. **TELE 5**

19,30 Serie.
☐ Diagnóstico asesinato. **A 3**

> Check your knowledge of verbs in the third person singular in the verb table on pages 126–129.

B ¿Y tú...?
1 ¿Te gusta ver la tele?
2 ¿Cuántas horas al día ves la tele?
3 ¿Qué tipo de programas te gustan?

10 Lee esta carta de protesta dirigida a la televisión y contesta a las preguntas:

1 El nuevo eslogan de Tele 5 quiere decir que:
  a) no habrá tantos anuncios publicitarios en esta cadena
  b) la pausa publicitaria no durará tanto.

2 Durante la película «El Imperio Contraataca», el primer anuncio:
  a) apareció después de tres minutos y cuarenta segundos
  b) duró tres minutos y cuarenta segundos.

3 La autora de la carta:
  a) está confundida
  b) está enfadada
  c) se muestra indiferente.

Carta de la semana

Indignación con TELE 5

A la semana de comenzar su nueva campaña, con el eslogan "Tele 5, ahora con menos anuncios", esta cadena ha batido todos los récords.

A los tres minutos y cuarenta segundos de comenzar la película *El Imperio Contraataca*, títulos de crédito incluidos, insertaron la primera pausa publicitaria. ¿Cómo se come esto? ¿Con paciencia o con la más absoluta indignación?

11 A Lee esta carta escrita por un grupo de jóvenes del barrio de Arganzuela en Madrid.

1 ¿Cuántos chicos han firmado esta carta?
2 ¿A qué son aficionados los chicos?
3 Los chicos no tienen sitio donde jugar al fútbol. ¿Verdad o mentira?
4 Juegan al fútbol en el parque de Arganzuela con sus padres. ¿Verdad o ¿mentira?
5 ¿Por qué sus padres no les dan permiso para jugar en el parque de Arganzuela?
6 ¿Qué proyecto tienen los chicos?

B Elige el resumen adecuado de la carta:

a Los chicos se quejan de que no tienen permiso para jugar al fútbol donde quieren y que el único campo de fútbol público es demasiado pequeño. Dicen que deberían construir un nuevo campo de fútbol en lugar del proyecto de casas nuevas.

b Los chicos se quejan de que no hay sitio donde jugar al fútbol debido a que el parque más cercano está demasiado lejos y no hay otro campo. Dicen que deberían construir un campo de fútbol cerca de las casas nuevas.

"No nos dejan jugar al fútbol"

"¡Hola! Somos un grupo de chicos de aficionados al fútbol. Tenemos un problema. No podemos jugar en ningún sitio al fútbol. A todos los sitios que vamos nos echan.

Todo el mundo nos dice que nos vayamos al Parque de Arganzuela, pero nuestros padres no nos dejan ir, debido a que está muy lejos. Por eso queríamos que nos hiciesen un campo de fútbol público aunque sea pequeño.

Somos muchos los que queremos este proyecto. Ya que están construyendo casas nuevas, podríamos aprovechar la ocasión de tener un sitio para jugar al fútbol. Esperamos que nos escuchen. Un saludo a todos"

Arám, Adrián, Lorenzo, David, Yessy, José Manuel, Lucas, José Luis, Luis Enrique....

12 Durante tu visita a España tuviste una semana loca. Escribe en tu agenda lo que hiciste cada día.

LUNES	JUEVES
MARTES	VIERNES
Fui al cine donde vi una película.	
MIÉRCOLES	SÁBADO
	DOMINGO

13 **A** Escucha la descripción de uno de los conciertos aquí anunciados y ordena estas notas:.

CONCIERTOS

Las actuaciones musicales que llegan

Día 14 de febrero, miércoles
Black Crowds – Barcelona
Día 15 de febrero, jueves
REM – San Sebastián
Día 16 de febrero, viernes
REM – Madrid

a una cola
b la llegada al concierto
c la música
d la fecha del concierto
e la opinión sobre el concierto
f problemas con los billetes
g el viaje al concierto
h el grupo
i el público

Listen several times to the cassette and make notes of the key phrases. Use these notes to write your own description in 13B.

Check your knowledge of the preterite tense in the verb table on pages 126–129 and use the *Práctica* on page 27 to help you.

B El sábado pasado fuiste a uno de los tres conciertos aquí anunciados. Describe lo que pasó según tus notas.

14 Escribe una carta a tu amigo/a por correspondencia contándole tus intereses y lo que haces durante tu tiempo libre. Explica también lo que se puede hacer en tu barrio para divertirse.

En mi barrio no hay nada que hacer. Carece de posibilidades para hacer deporte. No hay piscina, ni parque. Carece de oportunidades de ocio. No hay un cine, ni un bar. Deberían construir un cine...

Pues, en mi barrio hay mucho que hacer para los jóvenes. Hay un centro deportivo donde se puede hacer deporte. También hay un cine donde se puede ver películas recientes...

15 Aquí hay dos cartas sobre la televisión. Después de leerlas, escribe una carta a tu amigo/a por correspondencia describiendo dos programas de la televisión británica y dando tu opinión. Explica lo bueno y lo malo y comenta sobre lo que deberían hacer, en tu opinión, para mejorar la calidad.

◆ **Más películas de terror**
Soy un gran aficionado al género de cine de terror y me gustaría que alguna de las cadenas de televisión emitiera un ciclo de películas de Stephen King, por ejemplo; o que Antena 3 repusiera el espacio *Noche de lobos*, que estaba muy bien. Estoy seguro de que muchos telespectadores, al igual que yo, lo agradecerían.

◆ **Educativo 'Barrio Sésamo'**
Soy una niña de 11 años y no me pierdo nunca *Barrio Sésamo*. Es un programa educativo, original y muy divertido: además, te enseña cosas buenas y no tiene violencia, como otros.

Use phrases from the stimulus letters in your own letter. Recycle language if you can.

Práctica

Uso del pretérito

1 Cambia los verbos al pretérito.

1 Los sábados voy al cine. (El sábado pasado...)
2 Normalmente hago mis deberes por la tarde. (Ayer por la tarde...)
3 Tengo hambre. (Ayer...)
4 Normalmente como mariscos en el restaurante. (Ayer...)
5 Normalmente bebo una limonada o una naranjada. (Ayer...)
6 Los viernes salgo a las ocho. (El viernes pasado...)
7 Vuelvo a las once. (Anoche ...)
8 Por la noche leo un libro. (Anoche...)
9 Veo la tele durante dos horas. (Ayer...)
10 Juego al fútbol los martes. (El martes pasado...)

2 Pon la forma adecuada del pretérito.

1 Ayer (ir) al cine con mi hermano.
2 Mi hermana (ir) a la discoteca.
3 Mis padres (ir) al teatro.
4 Ayer (hacer) mucho frío.
5 Anoche mi hermano no (volver) a casa hasta la una.
6 Mis amigos y yo (salir) al cine.
7 Me (gustar) la película.
8 Mis amigos (decidir) hacer los deberes antes de salir.
9 Yo (decidir) quedarme en casa.
10 Ayer mi hermana (perder) el autobús. (Tener que) coger un taxi.
11 El año pasado mi familia y yo (ir) de vacaciones a España. (Viajar) en avión. (Quedarse) en un hotel.
12 Yo (conocer) a mucha gente española.

3 Completa con el verbo y la forma adecuados.

El otro día ___ al cine con mis amigos. Mis amigos y yo ___ enfrente del cine. ___ hacer cola pero primero ___ ir a una cafetería donde ___ una hamburguesa. La película ___ a las nueve y cuarto. ___ a un bar donde ___ una copa con unos amigos nuestros. Uno de los amigos nos ___ a la discoteca donde ___ hasta la una. ___ a casa a la una y media. Yo ___ un taxi, lo cual me ___ caro.

terminar	tomar	tener que	invitar	volver	comer
decidir	ir	quedar	costar	coger	encontrarse	ir

Vocabulario

actividades — *activities*

alquilar un vídeo	*to rent a video*
coleccionar sellos	*to collect stamps*
escuchar discos	*to listen to records*
leer libros	*to read books*
ver la tele	*to watch television*
ir al cine	*to go to the cinema*
ir a la discoteca	*to go to a disco*
ir al restaurante	*to go to a restaurant*
ir al teatro	*to go to the theatre*
tomar una copa	*to go for a drink*
hacer deporte	*to do sport*
hacer equitación	*to ride*
esquiar	*to ski*
hacer natación	*to swim*
jugar al baloncesto	*to play basketball*
jugar al fútbol	*to play football*
jugar al tenis	*to play tennis*
jugar en un equipo	*to play in a team*
ganar	*to win*
perder	*to lose*
pertenecer a un club	*to belong to a club*

el ocio — *leisure*

una película ...	*a film*
... de amor	*a romance*
... de aventura	*an adventure film*
... de ciencia ficción	*a science fiction film*
... de miedo	*a horror film*
... del oeste	*a western*
... policíaca	*a detective film*
un largometraje	*a full-length feature film*
un programa de televisión	*a television programme*
un programa deportivo	*a sports programme*
... informativo	*a news programme*
... musical	*a music programme*

una comedia	*a comedy*
un concurso	*a quiz show*
un debate	*a debate*
un dibujo animado	*a cartoon*
un documental	*a documentary*
un magazine	*a variety show*
un programa de entrevistas	*a chat show*
a menudo	*often*
a veces	*sometimes*
de vez en cuando	*now and then*
nunca	*never*
rara vez	*rarely*
siempre	*always*
una vez a la semana	*once a week*
tres veces a la semana	*three times a week*
anteayer	*the day before yesterday*
ayer	*yesterday*
esta semana	*this week*
hoy	*today*
la semana pasada	*last week*
la semana que viene	*next week*
mañana	*tomorrow*
pasado mañana	*the day after tomorrow*
por la tarde	*in the afternoon*

La región carece de oportunidades de ocio.	*There is a lack of leisure opportunities in the area.*
Deberían establecer un programa de ocio.	*They should set up a leisure programme.*
La ciudad carece de oportunidades de hacer deporte.	*The city lacks sports facilities.*
Deberían construir un polideportivo.	*They should build a sports centre.*
Hay una falta de programas educativos.	*There is a lack of educational programmes.*
Deberían emitir más programas informativos.	*They should broadcast more educational programmes.*

En casa 3

1 A Tus amigos españoles te han mandado dibujos de sus casas (a–e) y una descripción de cada casa en una cinta. ¿De quién es cada casa?

1 Sole
2 Miguel
3 Sergio
4 Ana
5 Paloma

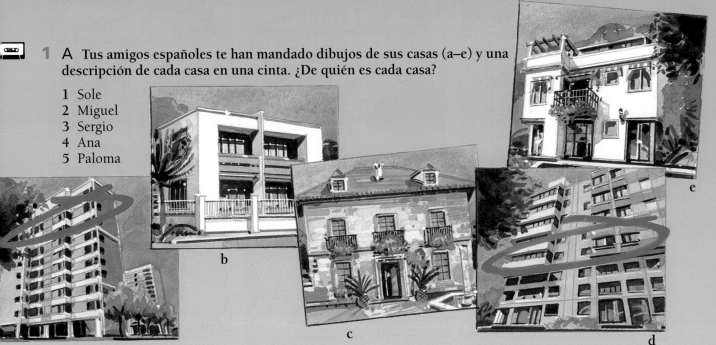

B Elige una de las casas y descríbela. Tu compañero/compañera tiene que adivinar cuál es.

Ejemplo: **Vivo en una casa grande y moderna...**

2 Sole describe las habitaciones de su casa. Escucha y contesta a las preguntas.

1 ¿Cuántas habitaciones hay en total?
2 ¿Dónde está la cocina?
3 ¿Dónde está el dormitorio de Sole?
4 ¿Hay un jardín?
5 ¿Hay un garaje?

3 ¡Hay problemas con la mudanza! Los muebles no están todos en su sitio.
Haz una lista correcta de muebles para cada habitación.

<u>La cocina</u>

un estéreo
un fregadero
una butaca
un aparador
un televisor

<u>El salón</u>

una cocina de gas
una cama
un espejo
un sofá

<u>El comedor</u>

un armario
una nevera
un microondas
una mesita

<u>El dormitorio</u>

una mesa con sillas
una lavadora
un vídeo
un escritorio

4 A José María describe su casa. ¿Cuál es?

Study the pictures carefully and try to predict what you might hear for each one.

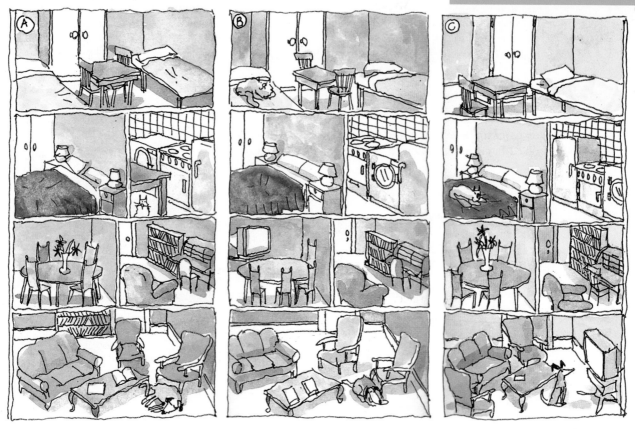

B Tu compañero/compañera elige una de las casas. Haz preguntas para descubrir cuál es.

Ejemplo: ¿Qué hay en el salón?

5 A La familia de tu amigo/a por correspondencia va a mudarse de casa. Lee los detalles de la familia:

> Hay cinco en la familia.
> Tienen un perro.
> A su padre le gusta cuidar plantas.
> Su madre trabaja en el centro de la ciudad.

¿Cuál es el piso o la casa ideal para ellos?

a

 4 dormitorios + 1 de servicio, 3 baños, salón y comedor, terraza, cocina grande, plaza de garaje.

b

2 dormitorios + 1 de servicio, 2 baños, salón-comedor, calefacción central, ascensor + montecargas, 2 plazas de garaje, cocina con terraza.

c

Chalet adosado, 3 dormitorios, salón-comedor con chimenea, 2 baños, jardín delantero y trasero. Piscina comunitaria.

B Compara los pisos.

Ejemplo: El piso A es más grande que el piso B. Tiene...

6 **A** Lee lo que dicen estos jóvenes y reparte las tareas domésticas según sus gustos.

Miguel:

Paloma:

No me importa ayudar en casa, pero prefiero trabajar al aire libre.

Soy una persona organizada; me gusta ordenar cosas.

Sergio:

Ana:

Me gusta invitar a cenar a mis amigos.

Odio las tareas domésticas. Prefiero ver la tele.

a limpiar los cristales	e fregar los platos	i pasar la aspiradora
b planchar las camisas	f hacer las camas	j preparar la comida
c cuidar el jardín	g colocar la ropa en el armario	k lavar el coche
d poner la mesa	h lavar la ropa	l hacer las compras

B Tu amigo por correspondencia tiene que ayudar en casa. Quieres ayudarle.
Escucha lo que dice su madre y apunta cuáles de las tareas (a–l) tenéis que hacer.

7 **A** Lee las quejas de tu amigo por correspondencia y une los dibujos a las quejas.

1 Siempre tengo que fregar los platos después de
comer mientras que mi hermana ve la tele.
2 A veces tengo que hacer las compras mientras que
mi hermana juega al tenis con sus amigas.
3 El sábado pasado tuve que cortar el césped
mientras que mi hermana escuchaba música.
4 La semana pasada tuve que limpiar la casa
mientras que mi hermana leía revistas.

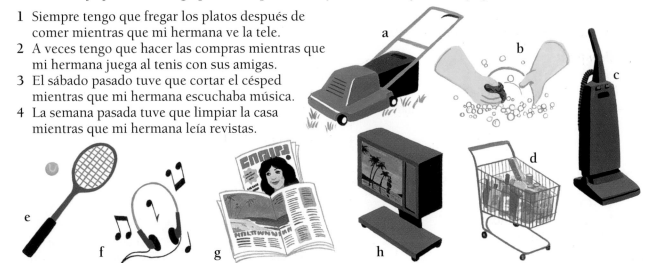

B Escribe una carta a tu amigo/a por correspondencia. Estás enfadado/a
porque siempre tienes que ayudar en casa mientras que tu hermano/a menor
no hace nada. Describe lo que haces para ayudar en casa.

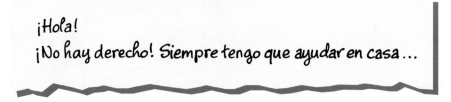

¡Hola!
¡No hay derecho! Siempre tengo que ayudar en casa...

8 A Lee la carta de Paco y contesta a las preguntas (1-4).

Querida Marisol,

Le escribo para contarle los problemas que tengo con mi familia. Tengo ya quince años pero mis padres me tratan como si fuera un niño. Lo peor es que siempre me critican. Dicen que me levanto demasiado tarde. Suelo levantarme a las ocho y voy al colegio a las ocho y media. Dicen que necesito al menos una hora para ducharme, desayunar y prepararme para el colegio. A veces pierdo el autobús y se enfadan mucho. Por las tardes llego a casa sobre las seis y dicen que tengo que hacer los deberes en seguida. Yo prefiero salir con mis amigos. Vuelvo a casa bastante tarde y me regañan porque dicen que tengo que acostarme antes. Yo me acuesto a las doce.

El otro día mi madre entró en mi habitación y dijo que era una pocilga. Dijo que estaba harta de ver la ropa en el suelo y la cama deshecha. Según mi madre los libros y los discos nunca están en su sitio y el despertador ¡hay que buscarlo! Me critica porque dejo comida en el escritorio pero es que por las noches tengo hambre. Además, dice que mi dormitorio huele mal.

Le agradecería sus consejos y su apoyo,

Paco

1 ¿Cómo se lleva Paco con su familia?
2 ¿Cuánto tiempo tiene para prepararse por las mañanas?
3 ¿Por qué se acuesta tarde?
4 ¿Por qué está enfadada su madre?

B ¿Qué órdenes dan los padres de Paco?

a ¡Haz la cama!	f ¡Prepara la comida!	k ¡Haz los deberes!
b ¡Lava el coche!	g ¡Levántate!	l ¡Date prisa!
c ¡Coloca la ropa en el armario!	h ¡Pon el despertador en la mesilla!	m ¡Acuéstaste!
d ¡Friega los platos!	i ¡Riega las plantas!	n ¡Abre la ventana!
e ¡Lava la ropa!	j ¡Organiza los libros y los discos!	o ¡Pon la mesa!

9 A Une las preguntas (1–4) sobre el dormitorio de Paco con las respuestas de Paco (a–d).

1 ¿Cómo es?
2 ¿Qué hay en tu dormitorio?
3 ¿Está ordenado?
4 ¿Te gusta?

a La mayoría del tiempo sí, pero a veces la ropa está en el suelo y la cama está deshecha.
b Es demasiado pequeño. Me gustaría tener una habitación más grande.
c Hay cuadros en las paredes y un escritorio cerca de la ventana.
d Tiene moqueta y las paredes están pintadas en verde.

B Ahora describe tu dormitorio.

10 **A** Escucha lo que dice tu amigo por correspondencia sobre su rutina diaria y apunta las respuestas a las preguntas siguientes:

1 ¿A qué hora te levantas?
2 ¿A qué hora desayunas?
3 ¿A qué hora vas al colegio?
4 ¿A qué hora vuelves a casa?
5 ¿A qué hora comes?
6 ¿A qué hora te acuestas?

B Practica las preguntas con un compañero/una compañera.

11 Cuando estás en casa de tu amigo/a por correspondencia has olvidado algunas cosas. Pregunta a tu amigo/a si puede dejártelas.

Ejemplo: ¿Puedes dejarme...?

12 Quieres ayudar en casa. Pregunta a tu amigo/a si puedes ayudar.

Ejemplo: ¿Puedo...?

13 **A** Tu amigo/a por correspondencia te pregunta qué haces normalmente los sábados con tu familia. Escribe las respuestas según los dibujos. Luego practica con un compañero/una compañera.

Ejemplo: Normalmente me levanto a las nueve...

B Cambia las horas de los dibujos y explica lo que hiciste el sábado pasado.

Ejemplo: El sábado pasado me levanté a las nueve y media...

C Cambia las horas otra vez y explica lo que vas a hacer el sábado que viene.

Ejemplo: El sábado que viene voy a levantarme a las diez..

14 **A** Jesús y Arantxa quieren comprar una vivienda. Tienen problemas porque no están de acuerdo. Escucha su conversación y apunta:

1 ¿Por qué prefiere Jesús una casa?
2 ¿Por qué prefiere Arantxa un piso?
3 Las ventajas del piso.
4 Las desventajas del piso.
5 Las ventajas de la casa.
6 Las desventajas de la casa.

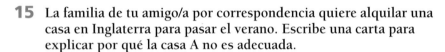

B Escucha otra vez y contesta:

1 ¿Cuántas ventajas y desventajas hay para cada tipo de vivienda?
2 Según el resultado ¿cuál de las dos viviendas deberían comprar?

15 La familia de tu amigo/a por correspondencia quiere alquilar una casa en Inglaterra para pasar el verano. Escribe una carta para explicar por qué la casa A no es adecuada.

> Add to the list of reasons given before writing your letter.

La casa A no es adecuada porque...

Es demasiado pequeña.
Es demasiado incómoda.
No hay garaje.
No hay teléfono.

La casa B es más adecuada porque...

Es más práctica.
Es más grande.
Tiene más dormitorios.
Tiene ducha y baño.

Describe otra casa que es más adecuada.

A

B

16 a) Describe el piso o la casa donde vives actualmente.
b) Describe la casa ideal que quieres tener cuando seas mayor.

Mi casa —

Cuando sea mayor, quiero una casa que sea grande.

Cuando sea mayor, quiero una casa que tenga piscina.

Cuando sea mayor, quiero una casa que esté cerca del mar.

Práctica

Uso de los verbos reflexivos

1 Pon la forma adecuada del presente del verbo reflexivo.

1 Yo (levantarme) a las siete.
2 Mi hermano (levantarse) a las siete y media.
3 Mis padres (levantarse) a las ocho.
4 Los fines de semana (levantarse) todos muy tarde.
5 ¿A qué hora (levantarse) tú?
6 ¿Tu familia y tú (levantarse) tarde también los sábados?

2 Elige el verbo reflexivo y pon la forma adecuada *(yo)* del presente.

1 Durante la semana .... a las siete.
2 .... diez minutos después de despertarme.
3 Voy al cuarto de baño y ....
4 Después, vuelvo a mi habitación donde ....
5 Luego .... para ir al instituto.

vestirse	levantarse	prepararse	ducharse	despertarse

3 Pon la forma adecuada del presente.

Normalmente...

Normalmente (despertarse) temprano durante la semana para ir al colegio. (Levantarse) a las siete, (ducharse) y (vestirse) antes de desayunar. Mi hermano siempre (acostarse) tarde así que (levantarse) tarde también. Los fines de semanas (levantarse) todos bastante tarde porque no tenemos que trabajar o ir al colegio. Solemos salir por la noche y por eso (acostarse) tarde también.

4 Pon la forma adecuada del pretérito.

El fin de semana pasado...

El fin de semana pasado fui a una fiesta el viernes por la noche y (acostarse) muy tarde. Al día siguiente, (despertarse) a las once. Mi hermano (levantarse) todavía más tarde. Por la tarde jugamos al tenis con nuestros amigos y después (ducharse) y (vestirse) para salir otra vez. Fuimos al cine y volvimos a casa a medianoche. Mis padres (acostarse) antes.

5 Pon la forma adecuada del futuro *(voy a + infinitivo)*.

El fin de semana que viene...

El fin de semana que viene voy a ir de excursión. (Levantarse) muy temprano el sábado, así que (acostarse) pronto el viernes. (Ducharse) el viernes por la noche para ganar tiempo.

Vocabulario

la casa	the house
un árbol	tree
un apartamento	small flat
la calefacción central	central heating
un chalet adosado	semi-detached house
un chalet individual	detached house
un césped	lawn
un cobertizo	shed
la cocina	kitchen
el comedor	dining room
el cuarto de baño	bathroom
el descansillo	landing
el desván	loft
el despacho	study
el dormitorio	bedroom
la escalera	stairs
un estanque	pond
una finca	property
una flor	flower
el garaje	garage
un jardín delantero	front garden
un jardín trasero	back garden
el lavadero	utility room
la pared	wall
el pasillo	corridor
un piso	flat
el salón	living room
el sótano	cellar
el suelo	floor
el techo	ceiling
el tejado	roof
la ventana	window

al lado de…	next to…
delante de…	in front of…
detrás de…	behind…
encima de…	on top of…
en medio de…	in the middle of …
en la pared	on the wall
en el suelo	on the floor
en el rincón	in the corner

lo bueno / lo malo de la casa es…	the good / bad thing about the house is…
la casa de al lado	the house next door
el piso de arriba	the flat / floor upstairs
La casa es demasiado antigua.	The house is too old.
La casa tiene muchos defectos.	The house has a lot of defects.
La casa necesita reparaciones.	The house is in need of repairs.

la hora	time
Son las dos en punto.	It's exactly two o'clock.
Son las dos y pico.	It's a few minutes past two.
sobre las dos ⎫ a eso de las dos ⎭	at about two o'clock

tareas domésticas	household tasks
cortar el césped	to cut the grass
fregar los platos	to do the washing up
hacer las camas	to make the beds
limpiar la casa	to clean the house
pasar la aspiradora	to vacuum
quitar el polvo	to dust
regar las plantas	to water the plants
trabajar en el jardín	to work in the garden

Tengo que ayudar en casa.	I have to help at home.
Me cuesta mucho ayudar en casa.	I find it difficult to help at home.
Las tareas domésticas son un rollo…	Household tasks are boring…

1 A Lee la información siguiente y estudia el mapa de España.
¿Es verdad o mentira? Corrige las frases falsas.

1 Barcelona está lejos de Madrid.
2 Sevilla está cerca de Madrid.
3 La Coruña está en el sur de España.
4 Valencia está en el este de España.
5 Zaragoza está en la costa sur de España.
6 Cáceres está lejos de la frontera con Portugal.

B Escribe otros seis ejemplos usando el mapa de España.

C Lee las frases siguientes (1–6). Luego escucha una descripción del clima en España y corrige las frases si hace falta.

1 En Santander durante el invierno hace mucho calor.
2 Durante el verano, Sevilla tiene un clima bastante húmedo.
3 Durante el verano, mucha gente va de vacaciones a la costa gallega para evitar el calor.
4 Los inviernos en Madrid pueden ser muy fríos pero en verano hace mucho calor.
5 Durante el verano en Málaga hace mucho calor pero en invierno hace frío y llueve mucho.
6 En el norte de España hace tanto calor en verano como en el sur de España.

D ¿Y tú?
¿Dónde vives?
¿Dónde está situado?
¿Cuántos habitantes hay?
¿Cómo es el clima?

> To answer the last question listen to the recording again and make notes of the language used to talk about the weather.

2 A Mira las postales y lee los textos.
Decide a qué postal pertenece cada texto.

a

b

c

d

1 ¡Saludos desde este pueblo típico y tranquilo con casas antiguas y calles estrechas!

2 ¡Recuerdos desde esta región rural cerca de las montañas!

3 ¡Un abrazo desde esta gran ciudad donde hay edificios modernos y antiguos y mucho tráfico!

4 ¡Saludos desde esta ciudad turística cerca del mar!

B ¿Y tú?
¿Cómo es la región donde vives?

3 A Escucha a los cuatro jóvenes que describen dónde viven.
¿Qué hay en los pueblos o en las ciudades donde viven?

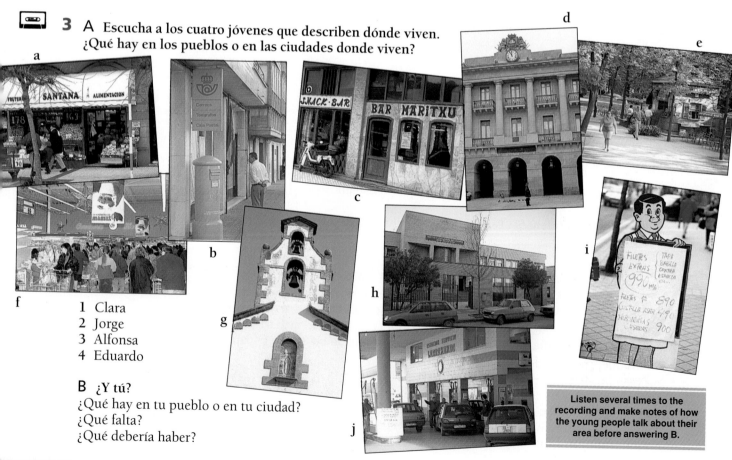

a

b

c

d

e

f

g

h

i

j

1 Clara
2 Jorge
3 Alfonsa
4 Eduardo

B ¿Y tú?
¿Qué hay en tu pueblo o en tu ciudad?
¿Qué falta?
¿Qué debería haber?

Listen several times to the recording and make notes of how the young people talk about their area before answering B.

4 A Estudia los planos de Benidorm y Lugo.

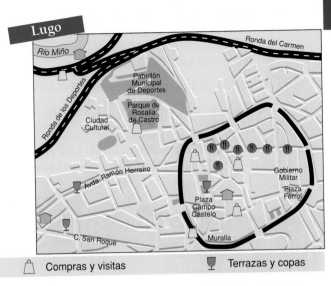

🏠 Hoteles	🍷 Bares y restaurantes	🛍 Compras y visitas	🍷 Terrazas y copas

Escucha los comentarios 1–8 que comparan las dos ciudades.
¿Cuáles son verdad según los planos?

> Make notes of the kind of language used in the recording before answering B.

B ¿Y tú?
Compara tu región o tu ciudad con otras.

5 A Escucha los diálogos e identifica los lugares A–G.

B Completa y practica los diálogos siguientes con tu compañero/compañera usando el plano.

1 Perdone, ¿por dónde se va a Correos?
2 Perdone, ¿hay un bar cerca de aquí?
3 Perdone, ¿por dónde se va al supermercado?
4 Perdone, ¿hay un banco por aquí?
5 Perdone, ¿por dónde se va al museo?
6 Perdone, ¿hay una parada de autobuses cerca de aquí?
7 Perdone, ¿dónde está la estación de metro más cercana?
8 Perdone, ¿dónde está la calle Miguel Delibes?
9 Perdone, ¿dónde está la Avenida de los Rosales?
10 Perdone, ¿por dónde se va a la Plaza Mayor?

6 **1** ¿Cuál es la pregunta adecuada para pedir este artículo?
   a ¿Tiene un plano de Madrid?
   b ¿Tiene un folleto de Madrid?
   c ¿Tiene una guía de Madrid?

2 ¿Qué tipo de información contiene el *Madrid de los Austrias*?

3 ¿Cuántas guías de este tipo existen sobre Madrid?

> Una guía sencilla y completa de cada zona de Madrid para todos aquellos que deseen acercarse a la historia, el arte, la arquitectura, las calles y los personajes. Cada una de las diez guías tiene planos y un recorrido concreto de la zona. Edita Fundación Caja de Madrid.
>
> **Madrid de los Austrias**

7 **A** Lee este artículo sobre Madrid. Une cada una de las fotos (a–k) con un número (1–11) en el texto.

¡Madrid, claro que sí!

MADRID no es una ciudad grande sino enorme. Es la capital de España y la sede del gobierno con más de tres millones de habitantes. Además de los madrileños mismos, españoles de toda España viven y trabajan aquí. Está situada en el centro de España a una altura de 600 metros. La ciudad cuenta con un aeropuerto internacional y varias estaciones de ferrocarril, y una extensa red de transporte público (autobuses y metro) (1).

Es una ciudad pintoresca. Su fuerza y personalidad hacen de Madrid una ciudad inolvidable, y sus abundantes recursos turísticos – naturaleza, arte, historia – atraen visitantes no sólo de toda España sino de todo el mundo. En 1992, Madrid fue la capital cultural de Europa. Tiene museos famosos como El Museo del Prado que contiene obras de arte españolas y extranjeras (2). También hay muchos monumentos preciosos como por ejemplo La Puerta de Alcalá (3). Juntos a edificios antiguos de gran interés histórico (4) hay otros modernos, también de indudable valor que constituyen el Madrid moderno (5).

Aunque no hay muchos parques en el centro de Madrid, los que hay son muy grandes. Por ejemplo El Parque del Buen Retiro es precioso. Sus avenidas principales están rodeadas de flores y árboles (6). También hay un estanque en el que se puede practicar el deporte del remo (7).

En las afueras de la ciudad se encuentra un parque enorme que se llama la Casa de Campo donde hay muchas posibilidades de hacer deporte. Tiene bosques, un gran lago, con barcas para el deporte y otras instalaciones deportivas: piscina, tenis, etcétera. Incluso hay un parque zoológico y un moderno parque de atracciones (8).

La ciudad tiene un casco comercial importante. En el centro se combinan los grandes almacenes como El Corte Inglés y Galerías Preciados, con tiendas especializadas y las mejores boutiques (9). No faltan las distracciones y las oportunidades de ocio tales como bares y discotecas, cines y teatros, y conciertos de música moderna, clásica o flamenca (10). Madrid, además de contar con restaurantes modernos, posee numerosos restaurantes típicos que ofrecen al cliente las especialidades de la cocina española (11).

c

g

h

j

i

k

B ¿Verdad o mentira?

1 Madrid es la ciudad más importante de España.
2 Es difícil viajar por Madrid por la falta de medios de transporte.
3 Los turistas en Madrid son en su mayoría españoles.
4 Madrid es una ciudad cultural.
5 Madrid carece de oportunidades deportivas.
6 Madrid cuenta con muchas tiendas grandes y pequeñas.

C Contesta a las preguntas:

1 ¿Quién vive en Madrid?
2 ¿Por qué es importante Madrid ?
3 ¿Por qué hay tantos turistas en Madrid?
4 Si quieres salir de día en Madrid, ¿qué se puede hacer?
5 Si quieres salir de noche en Madrid, ¿qué se puede hacer?

8 A Estás en la estación de metro Tribunal y quieres ir a a los grandes almacenes del Corte Inglés de Preciados (Sol). Une las frases siguientes para hacer un diálogo.

1 Para ir al Corte Inglés dePreciados ¿qué línea es?
2 ¿Hay que hacer transbordo?
3 ¿Dónde tengo que bajarme?

a No hay que hacer transbordo.
b Tiene que bajarse en la estación de Sol.
c Es la línea uno, dirección Miguel Hernández.

La **red del ferrocarril metropolitano de Madrid (Metro)** cuenta con 10 líneas en funcionamiento, además del ramal Opera-Norte, con una longitud de 114,4 km correspondiente a 123 estaciones.

El **horario de servicio** al público es de 6:00 de la mañana a 1:30 de la madrugada, durante todos los días del año, sean laborables o festivos y para todas las estaciones, excepto Ciudad Universitaria, cuyo horario está restringido a los días lectivos.

Existen dos **tipos de billetes**, además del Abono Transportes:
– El billete sencillo de utilización para un viaje, de precio 0,62€.
– El billete para diez viajes o bonometro, cuyo precio es de 3€.
Ambos billetes se adquieren en el vestíbulo de entrada a las estaciones de la red de Metro, bien en la taquilla o en las máquinas expendedoras.

ABONO ✱✱✱✱ TRANSPORTES

De utilización ilimitada durante un mes en todas las líneas de autobuses, la red ferroviaria de cercanías y la red de metro dentro de la zona de validez.

Información del Abono Transportes: **580 45 40**
Servicio de Información de transportes **580 19 80**

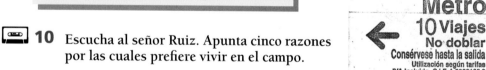

9 Lee la información sobre el metro en Madrid y contesta a las preguntas.

1 ¿Cuántas líneas hay?
2 ¿Cuántas estaciones hay?
3 ¿A qué hora cierra el metro?
4 ¿La estación de Ciudad Universitaria está abierta en los días festivos?
5 ¿Qué resulta más barato, el billete sencillo o el bonometro?
6 ¿Puedes comprar un billete si la taquilla está cerrada?
7 ¿En qué tres medios de transporte puedes usar el Abono Transportes?
8 ¿Qué número tienes que marcar para pedir información sobre el horario?

Metro
← 10 Viajes
No doblar
Consérvese hasta la salida
Utilización según tarifas
IVA Incluido C.I.F. A 2800135 2

D 918208

10 Escucha al señor Ruiz. Apunta cinco razones por las cuales prefiere vivir en el campo.

11 Tu instituto empieza un intercambio con un instituto español. Antes de su visita, escribe una carta describiendo la región donde vives. Menciona lo que hay, lo bueno y lo malo, y recomienda actividades de interés (ocio, deporte, cultura, comida, etc).

Use both the *Práctica* on page 43 and the vocabulary section on page 44 to give you ideas.

Práctica

Uso de los artículos y de los adjetivos

1 Elige el artículo adecuado.

1 En el pueblo hay (un/una/el/la) bar.
2 (Un/Una/El/La) parque está en el centro del pueblo.
3 (Los/Las) tiendas son muy buenas.
4 (Un/El/Los) medios de transporte público son muy malos.
5 Vivo en (unos/unas/los/las) afueras de la ciudad.
6 Hay (los/las/unos/unas) grandes almacenes cerca de (el/la) estación.
7 (El/La/Los/Las) región tiene (el/la/un/una) clima suave.
8 En (el/la) barrio hay (un/una/unos/unas) bares pero no hay restaurantes.
9 (El/La) gasolinera está cerca pero no hay (un/una/el/la) garaje.
10 Todos (los/las/unos/unas) pueblos y todas (los/las/unos/unas) aldeas son interesantes.

2 Une la preposición (*de / a*) con el artículo (*el/ la/los/las*) si es necesario.

1 (El/La) casa está enfrente (del/de la) restaurante.
2 (El/La) avenida América está cerca (de los/de las) jardines públicos.
3 (El/La) estación está detrás (del/de la) estanco.
4 Para ir (al/a la) tienda hay que coger (el/la) metro.
5 Para ir (al/a la) centro tome la primera a la derecha.
6 (El/La) centro comercial está lejos (del/de la) estación.
7 (El/La) estación está a dos kilómetros (del/de la) centro.
8 ¿Por dónde se va (al/a la) teatro?
9 ¿Por dónde se va (al/a la) oficina de turismo?
10 (El/La/Los/Las) tiendas están (al/a la) final (del/de la) paseo.

3 Elige la forma adecuada del adjetivo.

1 Mi ciudad es muy (bonito/bonita).
2 Mi región es muy (pintoresco/pintoresca).
3 Mi pueblo no es tan (bonito/bonita) como el pueblo vecino.
4 Hay (muchos/muchas) tiendas.
5 Hay (pocos/pocas) oportunidades de ocio.
6 La parte (antiguo/antigua) de la ciudad es (interesante/interesantes).
7 Las calles son muy (estrechos/estrechas) y hay (mucho/mucha) tráfico.
8 Prefiero las ciudades (modernos/modernas) a las (antiguos/antiguas).
9 La oficina de correos es demasiado (pequeño/pequeña).
10 Los parques son más (atractivos/atractivas) en primavera.

4 Pon la forma adecuada del adjetivo.

1 Hay parques (precioso) con árboles (verde) e (impresionante).
2 Las calles son bastante (ancho) así que no hay (mucho) problemas de tráfico.
3 El paisaje de la región es (bonito) pero un poco (monótono).
4 El pueblo tiene casas (típico) de la región con muros (blanco).
5 El metro de Madrid es (rápido) y (práctico).

Vocabulario

geografía	geography
una aldea	small village
el campo	countryside
el centro	centre
el condado	county
la ciudad	city
la costa	coast
el este	east
la montaña	mountain
el norte	north
el noreste	north-east
el noroeste	north-west
el oeste	west
el sur	south
el sureste	south-east
el suroeste	south-west
la provincia	province
un pueblo	small town / village
la región	region
la sierra	mountains

en el centro de	in the centre of
en las afueras de	in the outskirts of
en el barrio de	in the area of
cerca de	near (to)
lejos de	far from
a cincuenta kilómetros de	50 kilometres from

un bar	bar
una biblioteca	library
un centro comercial	shopping centre
una discoteca	disco / nightclub
un estanco	tobacconist's
una fábrica	factory
una gasolinera	petrol station
los grandes almacenes	department store
una iglesia	church
un monumento histórico	historic monument
una oficina de correos	post office
un parque	park
un polideportivo	sports centre
un polígono industrial	industrial estate
un quiosco de prensa	newsagent's
un restaurante	restaurant
un supermercado	supermarket
una tienda	shop

direcciones	directions
Baje la calle ...	Go down the street ...
hasta el final de la calle	to the end of the street
hasta los semáforos	to the traffic lights
hasta el cruce	to the crossroads
hasta la glorieta	to the roundabout
Siga todo recto.	Go straight ahead.
Suba la calle.	Go up the street.
Tome la primera a la derecha.	Take the first on the right.
Tome la segunda a la izquierda.	Take the second on the left.
Cruce la plaza ...	Cross the square ...

descripciones	descriptions
aburrido/a	boring
antiguo/a	old
grande	big
industrial	industrial
interesante	interesting
moderno/a	modern
pequeño/a	small
pintoresco/a	picturesque
típico/a	typical
tranquilo/a	calm
turístico/a	for tourists

lo malo...	the bad thing...
lo mejor...	the best thing...
lo peor...	the worst thing...
Es la ciudad más grande de...	It is the biggest city in...
Es más grande que...	It is bigger than...
Es menos bonito/a que ...	It is not as pretty as...
Es tan interesante como...	It is as interesting as...
Lo bueno de mi pueblo es que es...	The good thing about my village is that it is...
Lo bueno de mi pueblo es que hay...	The good thing about my village is that there is...
En la ciudad faltan tiendas buenas.	There is a lack of good shops in the town.
Debería haber más cines.	There should be more cinemas.
El pueblo carece de oportunidades de ocio.	The village lacks leisure facilities.
Hay demasiado tráfico.	There is too much traffic.
Las calles son demasiado estrechas.	The streets are too narrow.

el clima	weather
Hace calor/frío/sol.	It is hot/cold/sunny.
Hace un tiempo variable.	The weather is changeable.
Hace viento.	It is windy.
Tiene un clima húmedo/seco/suave	It has a damp dry/mild climate.
Los veranos son cálidos.	The summers are hot.
Los inviernos son fríos.	The winters are cold.
Los otoños son húmedos.	The autumns are wet.
Las primaveras son frescas.	The springs are fresh.
Las temperaturas son altas/bajas	The temperatures are high/low.
Llueve mucho en primavera.	In spring it rains a lot.
Hay muchas precipitaciones.	There is a lot of rainfall.
Hay chubascos.	There are showers.
Los cielos están despejados/nublados.	The skies are clear/cloudy.
Hay niebla.	It's misty.
Hay tormentas.	There are storms.

1

A Jaime habla de las asignaturas que estudia.
Escucha y contesta a las preguntas:

1 ¿Cuántas asignaturas estudia en total?
2 Apunta seis de las asignaturas que estudia.

B ¿Y tú?
¿Cuántas asignaturas estudias?
¿Qué asignaturas estudias?

C Escucha otra vez y completa las frases.

1 Le gustan las matemáticas porque: a) son interesantes   b) son útiles   c) son fáciles.

2 No le gusta la geografía porque: a) es aburrida   b) es difícil   c) no es práctica.

3 Le encanta el inglés porque: a) le permite viajar y conocer otras culturas
   b) le permite ver películas inglesas en versión original.

4 Detesta la historia porque: a) tiene que leer demasiado
   b) tiene mala memoria.

D ¿Y tú?
¿Qué asignaturas te gustan y por qué?
¿Qué asignaturas no te gustan y por qué?
¿Cuál es tu asignatura favorita y por qué?

2 Jaime habla de cuatro de sus profesores. Escucha. ¿Qué asignaturas son (a-d)?

a **aprendo mucho**

b **trabajo mucho**

c **es aburrida**

d **es divertido**

> Listen and jot down notes while you listen before deciding on the appropriate answer.

3 Mira la evaluación de Rodrigo, un alumno de Formación Profesional.

Nº. MATRÍCULA	ALUMNO/A			AUSENCIA	
9030502	García Espinosa, Rodrigo Miguel				
ENSEÑANZA	GRUPO	EVALUACIÓN	FECHA	RETRASO	
2º grado FP	2D	11-2-96	11/2/96		
ASIGNATURA	CONOCIMIENTOS	ACTITUD	APRECIACIÓN GLOBAL		SITUACIÓN
Lengua Española	Suficiente	Normal	Aceptable		Normal
Idioma Moderno	Insuficiente	Normal	Debe recuperar		Bajo
Formación Religiosa	Suficiente	Normal	Aceptable		Bajo
Formación Humanística	Suficiente	Normal	Aceptable		Muy bajo
Educación Física	Notable	Normal	Satisfactorio		Muy alto
Matemáticas	Muy deficiente	Normal	Debe recuperar		Bajo
Física y Química	Insuficiente	Normal	Debe recuperar		Normal
Tecnología	Suficiente	Normal	Aceptable		Bajo
Prácticas	Notable	Normal	Satisfactorio		Alto
Teoría del Dibujo	Bien	Normal	Satisfactorio		Alto

Contesta a estas preguntas:

1 ¿En qué asignaturas va bien?
2 ¿En qué asignaturas va mal?
3 ¿Cuál es su mejor asignatura?
4 ¿Cuál es su peor asignatura?

4 Escucha los comentarios que hace la directora sobre Jaime.
Corrige la evaluación de Jaime, uniendo los números con las letras:

ASIGNATURA

1 Matemáticas
2 Ciencias naturales
3 Lengua española
4 Inglés
5 Historia
6 Geografía
7 Educación física

CONOCIMIENTOS

a Suficiente
b Insuficiente
c Notable
d Sobresaliente
e Muy deficiente
f Bien
g Notable

5 **A** Haz las preguntas del mini 'test' a tu compañero/compañera.
Calcula los resultados y elige la descripción adecuada.

1 Cuando no entiendes algo:
  a pasas
  b preguntas luego a tus amigos
  c pides más explicaciones al profesor.

2 Cuando llegas tarde a clase:
  a entras sin decir nada
  b te disculpas
  c te disculpas y das una explicación.

3 Cuando tienes muchos deberes:
  a buscas una excusa para no hacerlos
  b los entregas con retraso
  c consigues terminarlos a tiempo.

4 Cuando vuelves a casa por la tarde:
  a te pones a ver la tele
  b sales un rato y luego haces los deberes
  c haces los deberes y luego sales.

5 Cuando sacas malas notas:
  a pasas
  b pones más esfuerzo en esa asignatura
  c trabajas hasta recuperar.

6 Cuando vas mal en una asignatura:
  a culpas al profesor
  b te dices que no se te da bien
  c dedicas más tiempo a esta asignatura.

a = 1 punto   **b = 2 puntos**
          c = 3 puntos

6 puntos = Eres un(a) alumno/a bastante perezoso/a. No te gusta estudiar y te comportas mal en clase. Sacas malas notas y suspendes los exámenes.

7–11 puntos = Eres un(a) alumno/a mediocre. No estudias mucho y a veces no terminas los deberes. No siempre te comportas bien en clase. La mayoría de tus notas son malas.

12–17 puntos = Eres un(a) alumno/a bastante bueno/a. Te gusta estudiar y sacas buenas notas pero depende un poco de la asignatura.

18 puntos = Eres un(a) alumno/a muy bueno/a. Te gusta estudiar y te gusta aprender. Siempre sacas notas sobresalientes y apruebas todos los exámenes.

B Lee los comentarios del profesor. ¿Cuál de estas evaluaciones (a-d) corresponde a cada descripción del 'test'?

a *Alumno ejemplar. Destaca en todas las asignaturas.*

b *Necesita mejorar su actitud y dedicar más tiempo al estudio.*

c *Alumna bastante trabajadora pero debe hacer un esfuerzo constante para rendir al máximo.*

d *Debe respetar a los profesores y a sus compañeros y ser puntual. Necesita dedicar mucho tiempo al estudio para recuperar.*

C ¿Y tú? ¿Qué tipo de alumno/a eres?
Escribe una descripción usando las seis respuestas adecuadas del 'test'.

Ejemplo: 1 **Cuando no entiendo algo, pregunto luego a mis amigos.**

> You need to convert the verbs from the second person singular (tú) to the first person singular (yo).

6 Esther habla de sus problemas en matemáticas. Lee su carta.

El año pasado las matemáticas se me daban muy bien. Solía trabajar mucho y sacar buenas notas. El profesor era muy amable aunque nos hacía trabajar mucho en clase. No nos daba demasiados deberes y si un día había algún problema, nos daba más tiempo para terminarlos.

Este año todo ha cambiado. Ya no me gustan las matemáticas y puesto que ya no me esfuerzo mucho, saco malas notas. El profesor que tenemos este año es muy estricto. Sus clases son muy aburridas y tengo la impresión de que siempre estoy tomando apuntes. Me llevo fatal con él aunque reconozco que me comporto bastante mal en sus clases. Seguro que este año voy a suspender el examen.

A Lee las notas siguientes y haz dos listas:

1 El año pasado   2 Este año

a Esther es una buena alumna.
b Esther saca malas notas.
c Esther respeta mucho al profesor.
d Esther se comporta bien en clase.

e El profesor es muy malo.
f Esther aprueba los exámenes.
g Esther se aburre.
h Esther hace todos los deberes.

B Contesta a las preguntas:

1 ¿Cuál es la diferencia principal entre el año pasado y este año?
2 ¿Cuál es la causa principal de este cambio?
3 ¿Qué consejo le darías a Esther?
   a) abandonar las matemáticas
   b) intentar hablar con el profesor
   c) estudiar más.

7 Escribe tus respuestas a estas preguntas que forman parte de una encuesta pedagógica.

Encuesta pedagógica

● ¿Qué asignaturas estudias?
....
● ¿En qué asignaturas vas bien?
....
● ¿Por qué?
....
● ¿En qué asignaturas vas mal?
....
● ¿Por qué?
....
● ¿Qué tipo de alumno/a eres?
....

8 Mira el horario de una alumna española. Tiene seis clases al día, de lunes a viernes.
Escucha a la alumna y contesta a las preguntas.

HORA	LUNES	MARTES	MIÉRCOLES	JUEVES	VIERNES
1ª	Educación Física	Música	Música	Religión	Lengua
2ª	Religión	Lengua	Inglés	Matemáticas	Matemáticas
		RECREO			
5ª	Francés	Inglés	Lengua	Matemáticas	Inglés
4ª	Lengua	Matemáticas	Matemáticas	Lectura	Tutoría
		RECREO			
5ª	Naturales	Sociales	Naturales	Educación Física	Educación Física
6ª	Informática	Deporte Interno	Educación Artística	Francés	Sociales

1 ¿A qué hora empieza el instituto?
2 ¿Cuánto tiempo dura cada clase?
3 ¿A qué hora empieza el primer recreo?
4 ¿Cuánto tiempo dura el segundo recreo?
5 ¿A qué hora termina el instituto?

6 ¿A qué hora tiene clase de matemáticas el jueves?
7 ¿Cuántos idiomas extranjeros estudian los alumnos?
8 ¿Cuánto tiempo en total se dedica al deporte?
9 ¿Qué idioma se estudia en la clase de lengua?

9 Lee este extracto de
una carta sobre un instituto en Madrid:

A Lee estos resúmenes y corrige la
segunda parte según el texto.

a El medio de transporte más
popular... es el autobús puesto que
la mayoría de los alumnos viven
en las afueras de la ciudad.
b Muchos alumnos cogen el metro...
desde el instituto para dirigirse a
un centro deportivo en las afueras
de la ciudad.
c El instituto ofrece muchas
posibilidades para hacer deporte...
al aire libre en los campos de
deporte y las canchas de tenis.
d Los alumnos tienen éxito en sus
estudios gracias a... los casi cuatro
meses de vacaciones al año.

B Contesta a las preguntas de la
carta.

Voy al Instituto San Mateo en Madrid. Es un instituto estatal con dos mil alumnos. El instituto está en el centro de la ciudad así que tengo que coger el metro desde mi casa en el barrio de las Delicias. La mayoría de mis compañeros van en metro aunque hay algunos que cogen el autobús desde las afueras de la ciudad. ¿A qué tipo de instituto vas? ¿Dónde está situado? ¿Cómo vas al instituto?

El instituto es bastante grande aunque de aspecto antiguo. Tiene dos edificios principales con una biblioteca, un comedor donde se puede comer al mediodía, una sala de profesores, y muchas aulas y laboratorios. El problema es que no hay muchas posibilidades para hacer deportes. Tenemos un gimnasio que está bien preparado para jugar al baloncesto y hacer gimnasia pero el colegio carece de oportunidades de practicar deportes al aire libre. Faltan campos de fútbol y canchas de tenis. Claro que en el centro de Madrid no hay sitio para todo eso pero deberían construir un centro deportivo en las afueras de la ciudad para todos los colegios céntricos. ¿Cómo es tu instituto? ¿Qué hay?

Sin embargo, la verdad es que el instituto no está tan mal. La biblioteca está dotada de muchos libros y hay una sala de estudio para los alumnos. Así que no falta nada para tener éxito en los estudios. El año escolar empieza en septiembre y termina en junio. En Navidades y en Semana Santa tenemos dos semanas de vacaciones y en verano tenemos casi tres meses. Lo mejor de mi instituto es que hay muchas vacaciones. ¿Tienes muchas vacaciones?

A Escucha a unos alumnos españoles que hablan de las normas en su colegio. Haz una lista de ideas positivas y otra lista de ideas negativas.

Listen for ideas that constitute do's and don'ts.

Ideas positivas	*Ideas negativas*

B Contesta a las preguntas siguientes y luego practícalas con un compañero/una compañera.

1 ¿Tienes que ser puntual?
2 ¿Tienes que llevar uniforme?
3 ¿Se puede fumar en el colegio?
4 ¿Se puede comer en clase?
5 ¿Hay que estudiar un idioma extranjero?
6 ¿Hay que estudiar matemáticas hasta los dieciocho años?

11 Lee esta lista de normas e indica si estás de acuerdo o no con ellas. También tienes que justificar tu respuesta.

Ejemplo: *No se puede fumar en el colegio.*
Respuesta: Estoy de acuerdo con esto porque fumar es malo para la salud.
Alternativa: No estoy de acuerdo con esto. Deberían dejarnos fumar.

> 1   No se puede comer durante las clases.
>
> 2   No se puede hablar mientras habla el profesor.
>
> 3   No se puede salir del colegio durante el día.
>
> 4   Hay que llevar uniforme.
>
> 5   Hay que ser puntual todos los días.
>
> 6   Hay que respetar al profesor.

12 Escribe una carta a tu amigo/a por correspondencia sobre tu colegio.

Incluye:
  dónde está
  cuántos alumnos y profesores hay
  las asignaturas
  cómo es
  qué hay en el colegio
  el uniforme
  un día típico
  las vacaciones
  las actividades extraescolares
  las normas
  lo que deberían cambiar.

Use ideas and language practised in this unit when you write your letter.

Práctica

Uso del futuro

1 Pon las dos formas del futuro para cada frase.

Ejemplo: a *El año que viene iré a España.*
b *El año que viene voy a ir a España.*

1 El año que viene _____ de vacaciones a Méjico. (ir)
2 El año que viene _____ bastante dinero para ir de vacaciones. (tener)
3 El año que viene _____ un viaje alrededor del mundo. (hacer)
4 El año que viene _____ de vacaciones en los Estados Unidos. (estar)
5 Mañana _____ con el profesor. (hablar)
6 La semana que viene _____ mi habitación. (ordenar)
7 Pasado mañana _____ con mis amigos. (salir)
8 Dentro de unos días _____ una carta de mi amigo/a por correspondencia español.
   (recibir)
9 Esta tarde _____ mis deberes. (hacer)
10 Sábado _____ a verte. (venir)

2 Pon la forma adecuada del futuro.

Ejemplo: *Cuando sea mayor haré un viaje alrededor del mundo.*

1 Cuando tenga dinero _____ un estéreo. (comprar)
2 Cuando termine mis deberes_____ con mis amigos. (salir)
3 Cuando vuelvan a casa, mis padres _____ hambre. (tener)
4 Cuando haga buen tiempo _____ a la piscina. (ir)
5 Cuando esté mi amigo español, _____ el museo juntos. (visitar)

3 Completa con el verbo adecuado.

1 Cuando termine mis estudios _____ a la universidad. _____ ciencias naturales y
   cuando sea mayor _____ médico. (ir/estudiar/ser)

2 Cuando termine mis estudios _____ durante un año en una tienda en España. _____
   español todo el tiempo y así _____ . Cuando vuelva de España _____ a la universidad.
   (trabajar/hablar/mejorar/ir)

3 Cuando tenga dieciocho años no _____ a la universidad. _____ a trabajar
   inmediatamente en un banco. En el banco _____ hablar español con los turistas
   españoles. (ir/empezar/poder)

4 Completa las frases usando el futuro.

1 Cuando termine mis deberes...
2 Cuando tenga dinero...
3 Cuando tenga un coche...
4 Cuando termine mis estudios...
5 Cuando sea mayor...

Vocabulario

las asignaturas — *subjects*

el alemán	*German*
el arte dramático	*Drama*
las ciencias	*Science*
el dibujo	*Art*
la educación física	*Physical education*
el español	*Spanish*
el francés	*French*
la geografía	*Geography*
la historia	*History*
la informática	*Information technology*
el italiano	*Italian*
el inglés	*English*
los idiomas	*Modern languages*
las matemáticas	*Maths*
la música	*Music*
la religión	*Religious education*
la tecnología	*Technology*

el colegio — *school*

el colegio	*school (up to age of 14)*
el instituto	*school (14+)*
la educación preescolar	*infant school*
la educación primaria	*primary education*
la educación secundaria	*secondary education*
un aula	*classroom*

una biblioteca	*library*
un campo de deporte	*sports field*
una cancha de tenis	*tennis court*
un edificio	*building*
el horario	*timetable*
la jornada escolar	*the school day*
un vestuario	*changing room*

aprobar exámenes	*to pass exams*
estudiar	*to study*
sacar buenas/malas notas	*to get good/bad results*
suspender exámenes	*to fail exams*
hacer los deberes	*to do homework*
repasar	*to revise*

El colegio tiene muchas oportunidades para hacer deporte.	*The school has many opportunities to do sport.*
El colegio carece de actividades extraescolares.	*The school is lacking in extracurricular activities.*
La biblioteca carece de libros recientes.	*The library is lacking in up-to-date books.*
El colegio está dotado de laboratorios modernos.	*The school is equipped with modern laboratories.*
Hay un comedor pero es muy caro.	*There is a canteen but it is very expensive.*

1 A Escucha a Juan que habla de las profesiones de algunos miembros de su familia. Indica quiénes son en las fotos y en qué trabajan.

a

b

c

d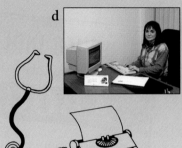

B ¿Quién dice lo siguiente?

1 Trabajo en un hospital.

2 Trabajo en un colegio.

3 Trabajo en una oficina.

4 Trabajo en un taller.

5 Tengo que escribir cartas en el ordenador.

6 Tengo que arreglar coches.

7 Tengo que atender a los pacientes.

8 Tengo que dar clase a los alumnos.

2 Escucha la entrevista con Mariano y Carmen y contesta a las preguntas:

1 ¿Desde hace cuántos años trabaja Mariano como mecánico?
2 ¿Por qué le gusta ser mecánico?
3 ¿Desde hace cuántos años trabaja Carmen como médica?
4 ¿Por qué le gusta ser médica?

3 A Mira los dibujos y elige tres frases para cada uno.

1 María es dentista.
2 Trabaja en una peluquería.
3 Dice que es muy duro.
4 Pedro está en paro.
5 Trabaja en un consultorio.
6 Tiene que cortar y estilizar el pelo de sus clientes.
7 Romero es peluquero.
8 No trabaja desde hace dos años.
9 Tiene que cuidar los dientes de sus pacientes.

a

b

c

B ¿Y tú?
¿En qué trabajan los miembros de tu familia?
¿Dónde trabajan?
¿Les gusta? ¿Por qué?

4 **A** Lee el extracto de una carta de tu amigo/a por correspondencia. Habla de su trabajo a tiempo parcial.

B Contesta a las preguntas de la carta.

Desde hace unas semanas trabajo en la fábrica de mi tío. No me gusta mucho pero necesito el dinero. Tengo que colocar mercancías y cargar camiones. Trabajo de las cinco a las ocho de la mañana antes de ir al colegio. Me pagan tres euros por hora. ¿Y tú? ¿Tienes un trabajo para ganar un poco de dinero? ¿Dónde trabajas y qué tienes que hacer? ¿Te pagan mucho?

5 Mira los anuncios de trabajo (a–d).

BANCO INDEPENDIENTE

para su sucursal en España, selecciona

ABOGADOS

Se requiere:
* Experiencia de al menos cuatro años en un banco de negocios
* Conocimiento profundo de los aspectos legales de las actividades de banca comercial y productos financieros
* Conocimiento de los idiomas inglés y francés.

Se ofrece:
* Buenas condiciones
* Ventajas sociales.

Los candidatos deberán enviar carta manuscrita y curriculum vitae al Apartado de Correos número 4578, 28080 Madrid.

a

DEPENDIENTAS Y ENCARGADAS

Con experiencia en tiendas de ropa femenina

Enviar curriculum vitae – Apartado de Correos número 5029, 28080 Madrid.

b

REPARTIDORES DE PIZZAS A DOMICILIO

◆ Trabajo a tiempo parcial compatible con estudios
◆ Sueldo a convenir
◆ Incentivos
◆ Moto de la empresa
◆ Incorporación inmediata

Tel. 430 45 32 (José) 10 h a 18 h.

c

RESTAURANTES LA TABERNA
SOLICITAN

JEFE DE COCINA

Puesto de trabajo en Madrid. De 30 a 50 años. Con experiencia y formación. Amplios conocimientos de la cocina mediterránea. Sueldo fijo más incentivos.

Interesados, solicitar entrevista personal, aportando curriculum vitae, a la señora Gómez. (91) 089 80 75.

d

¿Para qué trabajo...

1 ... hay que enviar una foto?
2 ... se necesita experiencia en un banco?
3 ... no hay que trabajar una jornada completa?
4 ... se puede ser estudiante al mismo tiempo?
5 ... hay que empezar inmediatamente?
6 ... se necesita tener experiencia adecuada?
7 ... se necesita una formación profesional?
8 ... se necesita conocimiento de dos idiomas extranjeros?
9 ... hay que escribir una carta de solicitud a mano?
10 ... hay que tener más de treinta años?
11 ... se puede convenir el sueldo?

6 Mira el anuncio y la carta de solicitud de empleo.

SECRETARIA

Empresa española (sector de automoción) necesita secretaria para sus oficinas de Madrid.
Se requiere: inglés hablado y escrito, manejo de ordenador (procesador de textos).
Se ofrece: contrato de trabajo, condiciones económicas a convenir, posibilidades de promoción.
Dirigirse urgentemente con curriculum vitae al Apartado de Correos número 89.801, 28006 Madrid.

A Contesta a las preguntas:

1 ¿Qué puesto solicita Ana María?
2 Ana María vive en Madrid. ¿Es conveniente para este trabajo?
3 El trabajo requiere dos cualidades. ¿Cuáles son?
4 Busca dos frases en la carta de Ana María que corresponden a estos requisitos.
5 Ana María quiere mayor responsabilidad en el trabajo. ¿Hay posibilidades en el nuevo trabajo?

Madrid, 2 de septiembre

Estimado señor:

Por la presente solicito el puesto de secretaria en su empresa.

Me llamo Ana María González Izquierdo. Tengo veintitrés años y soy de Burgos. Hablo inglés y un poco de francés. También entiendo portugués pero no lo hablo. Estoy casada y vivo en Madrid.

Hice formación profesional de secretariado. Estudié informática. Trabajé durante dos años en el departamento de marketing de una empresa de productos cosméticos. Tenía que contestar el teléfono y escribir cartas a ordenador. En un futuro próximo desearía asumir mayor responsabilidad en el trabajo.

Adjunto envío curriculum vitae. A la espera de sus noticias le saluda atentamente,

Ana María González Izquierdo
Calle Almirante No. 12
28045 Madrid

B Haz el curriculum vitae de Ana María.

C Ahora haz tu curriculum vitae.

CURRICULUM VITAE

Nombre

Apellido

Dirección

Fecha de nacimiento

Nacionalidad

Estudios

Idiomas

Experiencia profesional

To do the CV you need to look for the key points in the letter and include them under the different headings.

7 Quieres trabajar en España durante el verano para mejorar tu español.
Elige uno de los anuncios y escribe una carta de solicitud de empleo.

> **RECUERDOS DE ESPAÑA**
> Se necesita dependiente/a durante la temporada turística. Inglés imprescindible. Aceptamos estudiantes. Salario y fechas a convenir. Dirigirse al Sr Ruiz.

> # Hotel Sanlucar
> Necesitamos camareros/as con experiencia. Plaza temporal: julio/agosto. Preferible estudiantes. Sueldo y fechas a convenir.
>
> Dirigirse a la Sra Galán, gerente del hotel.

Usa la carta de la actividad 6 y las frases útiles en la página 60.

Incluye:
información personal; idiomas; estudios; experiencia previa; intereses.

8 Tu amiga, Katie, quiere trabajar de au pair en España durante el verano.
Mira sus detalles y elige ocho que son importantes para ser au pair.

1 Katie
2 15 años.
3 Mi hermano tiene tres años.
4 Mi hermana tiene siete años.
5 Se me dan muy bien las matemáticas.
6 Tengo experiencia de cuidar a niños.
7 Juego al hockey.
8 Tengo sentido del humor.
9 Sé cocinar.
10 Tengo un carácter responsable e independiente.
11 Entiendo español y lo hablo un poco.
12 Me gustan los animales.
13 Me gusta ir al cine.
14 Ayudo en casa.

Mira las frases útiles en la página 60 y escribe una carta a una familia española.
Recomienda a tu amiga como au pair.

> Remember to change the verbs in Katie's notes from the first person singular (yo) to the third person singular (ella).

9 A Mira el gráfico y contesta a las preguntas:

1 El gráfico representa:
   a los pasatiempos de los jóvenes españoles.
   b los problemas de los jóvenes españoles.
2 ¿Qué porcentaje de jóvenes está preocupado por el trabajo?
3 ¿Qué porcentaje de jóvenes está preocupado por el futuro?

B ¿Y tú?
¿Estás preocupado por el futuro?
¿En qué te gustaría trabajar? ¿Por qué?
¿Te gustaría trabajar en España o en Hispanoamérica?

¿Qué te preocupa?

No tengo seguridad económica — 83%
No me siento seguro/a — 46%
No puedo hacer proyectos de futuro — 45%
No tengo libertad — 23%
Mis relaciones con mis padres — 11%
Mis relaciones con mis amigos — 5%

10 Entrevistas

A Hay tres candidatas al puesto de secretaria en una fábrica. Lee estas cuatro preguntas.
Elige cada vez la respuesta más adecuada en tu opinión para obtener el puesto.

1 ¿Por qué quiere trabajar de secretaria en esta empresa de zapatillas de deporte?
   a) Porque soy aficionada al deporte y me gusta la marca de zapatillas.
   b) Porque la empresa y el trabajo me parecen interesantes.
   c) Porque la empresa está cerca de mi casa y el horario es conveniente.

2. ¿Qué formación tiene Vd?
   a) Tengo un año de formación profesional de secretariado.
   b) Tengo formación de secretariado bilingüe.
   c) Tengo un título universitario en publicidad y marketing.

3. ¿Qué experiencia tiene?
   a) Trabajé de secretaria suplente en tres empresas distintas.
   b) Trabajé de secretaria en una empresa en el departamento de marketing.
   c) No tengo experiencia previa.

4. ¿Qué cualidades tiene Vd para este puesto?
   a) Creo que soy imaginativa y ambiciosa.
   b) Creo que soy responsable, eficiente y capaz de adaptarme a muchas situaciones.
   c) Creo que tengo buena presencia y que siempre estoy de buen humor.

 B Escucha las entrevistas de dos candidatas (Ana María y Paloma) y apunta sus respuestas (1b; 2c; etc)

Ana María   Paloma

C Decide quién va a obtener el trabajo según las respuestas.
Escribe un resumen de esa entrevista.

Ejemplo: **X quiere trabajar de secretaria en la empresa porque ... Tiene ...**

11 Lee el artículo.

1 ¿En qué trabaja Lola?

2 ¿Desde hace cuánto tiempo hace este trabajo?

3 ¿Qué quiere hacer?

4 ¿Para qué quiere tener las tardes libres?

5 ¿Cuántos días a la semana quiere trabajar para poder terminar a las tres todos los días?

6 ¿Por qué no le gusta comer fuera? Elige dos razones.
   a porque es caro
   b no le gusta el restaurante
   c no come bien
   d es aburrido.

7 A Lola le gustaría:
   a cambiar de oficina
   b elegir los muebles de la oficina
   c comprar un ordenador
   d dimitir.

8 A veces Lola encuentra difícil:
   a el trabajo
   b usar el ordenador
   c las relaciones con sus compañeros
   d los clientes.

LOLA:

'Acabaría con la insolidaridad de los compañeros que desean medrar a costa mía'

Es secretaria de dirección y lleva trabajando en la misma empresa más de 20 años. Le gustaría mucho cambiar el horario. «Dejaría la jornada intensiva durante todo el año. Me gustaría salir a las tres todos los días, aunque tuviera que trabajar los sábados. Sería maravilloso contar con las tardes libres y poder dedicar más tiempo a mi familia y a mis hobbies.» Algo a lo que tampoco se ha acostumbrado es a comer fuera de casa «siempre a la misma hora y casi siempre en el mismo sitio; normalmente mal alimentada y con el inconveniente del gasto que

supone.» A Lola le hubiera gustado participar en la decoración y elección del mobiliario de su oficina «y no simplemente por la estética, sino por tener una silla más adecuada, anatómica, para estar más cómoda a la hora de escribir a máquina; o colocar el ordenador donde menos reflejos reciba, tener unos archivadores más prácticos... pero eso, casi siempre, nos lo dan hecho.» Muchas veces, el trabajo durante tantas horas con las mismas personas se asemeja a un matrimonio mal avenido. «Hay que aguantar muchos cambios de humor, a veces mentir a los clientes, diciendo que el jefe no está, saber distinguir cuando sus órdenes son un arrebato o van en serio... Siempre hay que acomodarse al humor que tenga ese día.» En otras ocasiones se desatan guerras de competencia. «Hay algunos temas que no están adjudicados a alguien en concreto, y unas veces nos toca realizarlos a unas secretarias y otras veces a otras, y todas lo hacemos de mala gana. En ocasiones te encuentras con compañeros que para medrar te ponen la zancadilla, y eso es muy incómodo y doloroso.» Pero Lola con el tiempo se ha acomodado, qué remedio, a su trabajo. «Estando el tema del empleo tan difícil ¿cómo voy a encontrar otra cosa?»

12 Lee estos comentarios de un estudiante, Pablo, que trabaja de dependiente en una tienda.

Trabajo en una tienda los sábados. Soy dependiente. Ayer lo pasé fatal. Llegué tarde al trabajo y la gerente me dijo que tenía que llegar antes. Tuve que atender a los clientes.

Algunos eran muy simpáticos pero otros eran muy desagradables. Me dijeron que tenía que trabajar más de prisa. También tuve que colocar estanterías y limpiar los cristales. Fue muy duro. La gerente me dijo que tenía que limpiar toda la tienda...

Write out a list of possible things to say based on the example of Pablo, before putting together your letter.

Escribe una carta a tu amigo/a español(a), describiendo el trabajo que haces a tiempo parcial y describe un día en concreto.

Práctica

Uso del estilo indirecto

1 Pon la forma adecuada del imperfecto.

Ejemplo: **Ayer el jefe me dijo que era trabajador(a).**

1 El jefe me dijo que _____ perezoso/a. (ser)
2 El jefe me dijo que _____ que buscar una solución. (haber)
3 El jefe me dijo que el suelo _____ sucio. (estar)
4 El jefe me dijo que no _____ nada. (hacer)
5 Los clientes me dijeron que _____ muy simpático/a. (ser)
6 Los clientes me dijeron que _____ muy bien. (trabajar)
7 Un cliente me dijo que no le _____ la tienda. (gustar)
8 Un cliente me dijo que la tienda _____ desordenada. (estar)
9 Mi madre me dijo que no _____ darme más dinero. (poder)
10 Mi padre me dijo que no _____ posible ir de vacaciones este año. (ser)
11 Mis padres me dijeron que no _____ escucharme. (querer)
12 Mi madre me dijo que no _____ más dinero. (necesitar)

2 Elige el infinitivo adecuado.

1 El jefe me dijo que tenía que _____ más de prisa.
2 El jefe me dijo que podía _____ una pausa.
3 El jefe me dijo que tenía que _____ el suelo.
4 El jefe me dijo que podía _____ a casa antes.
5 El jefe me dijo que tenía que _____ más educado/a con los clientes.
6 El jefe me dijo que tenía que _____ la contabilidad.
7 El profesor me dijo que tenía que _____ más atento/a.
8 El profesor me dijo que tenía que _____ más cuidado.
9 Mi madre me dijo que tenía que _____ menos dinero.
10 Mi padre me dijo que tenía que _____ menos al cine.
11 Mis padres me dijeron que tenía que_____ menos discos.
12 Mi profesor me dijo que tenía que _____ más.

| estudiar | gastar | limpiar | estar | hacer | tener | comprar |
| ir | volver | trabajar | tomar | ser | | |

3 Pon la forma adecuada del imperfecto.

Ejemplo: **Le dije al jefe que no podía trabajar más de prisa.**

1 Le dije al jefe que no (poder) venir antes.
2 Le dije al jefe que (querer) tomar una pausa.
3 Le dije al jefe que no (ir) a llegar tarde.
4 Les dije a mis padres que no (tener) hambre.
5 Les dije a mis amigos que (estar) demasiado cansado/a para salir.

4 Completa el texto poniendo los verbos en el imperfecto.

El otro día pedí más dinero a mis padres para poder salir con mis amigos. Mi madre me dijo que no (necesitar) el dinero y que (tener que) ir menos al cine. Mi padre (estar) muy enfadado y me dijo que (tener que) tener más cuidado con el dinero y gastar menos. También les dije que (necesitar) el dinero para poder comprar ropa y discos pero mis padres me dijeron que (tener) bastante ropa y que (tener que) comprar menos discos.

5 Escribe un texto.

1 Llegas tarde al trabajo. El jefe está enfadado. Describe la discusión.
2 Quieres más dinero para poder salir. Tus padres no están de acuerdo. Imagina la discusión.

Vocabulario

los trabajos — *jobs*

los trabajos	*jobs*
un(a) abogado/a	*lawyer*
un(a) arquitecto/a	*architect*
un bombero	*firefighter*
un(a) camarero/a	*waiter / waitress*
un carpintero	*carpenter*
un cartero	*postman*
un(a) conductor(a)	*driver*
un(a) constructor(a)	*constructor*
un(a) dependiente/a	*sales assistant*
un(a) dentista	*dentist*
un(a) director/a	*director*
un(a) empleado/a de oficina	*office clerk*
un(a) enfermero/a	*nurse*
un fontanero	*plumber*
un(a) fotógrafo/a	*photographer*
un(a) funcionario/a	*civil servant*
un(a) ingeniero/a	*engineer*
un jardinero	*gardener*
un lechero	*milkman*
un mecánico	*mechanic*
un(a) obrero/a	*worker*
un policía	*police officer*
un(a) profesor(a)	*teacher*
un(a) programador(a) de ordenadores	*computer programmer*
un(a) representante	*business representative*
un(a) secretario/a	*secretary*

el mundo del trabajo — *the world of work*

el mundo del trabajo	*the world of work*
cobrar .... por hora	*to earn .... per hour*
un(a) compañero/a	*colleague*
un(a) dueño/a	*business owner*
un(a) empleado/a	*employee*
un(a) encargado/a	*person in charge*
estar en huelga	*to be on strike*
estar en paro	*to be unemployed*
ganar dinero	*to earn money*
un(a) gerente	*manager*

un(a) jefe/a	*boss*
un puesto	*a post*
recibir el subsidio de paro	*to receive unemployment benefit*
solicitar un empleo	*to apply for a job*
trabajar	*to work*

frases útiles — *useful phrases*

frases útiles	*useful phrases*
¿Puede darme una indicación del sueldo?	*Can you give me an idea of the salary?*
¿Puede darme una indicación de las fechas?	*Can you give me an idea of the dates?*
¿Hay posibilidad de alojamiento?	*Is there a possibility of having lodgings?*
Tengo una amiga que quiere trabajar en España.	*I have a friend who wants to work in Spain.*
¿Pueden decirme si saben de alguna posibilidad de trabajo?	*Can you tell me if you know of anything?*
¿Conocen una familia que necesita una au pair?	*Do you know a family that needs an au pair?*
El futuro me preocupa porque hay menos posibilidades de encontrar trabajo.	*The future worries me because there are fewer opportunities to find work.*
Cuando sea mayor me gustaría ser ingeniero.	*When I am older I would like to be an engineer.*
Cuando tenga trabajo me gustaría viajar.	*When I have a job I would like to travel.*
Me gustaría trabajar en España.	*I would like to work in Spain.*
Me gustaría utilizar el español en mi trabajo.	*I would like to use Spanish in my work.*
Pasé un mes trabajando en una zapatería.	*I spent a month working in a shoe shop.*
Trabajé ocho horas al día.	*I worked eight hours a day.*
Me pagaron cuatro euros por hora.	*They paid me 4 euros per hour.*

¡Buen viaje! 7

1
Escucha esta conversación en familia.
Los Sanz no pueden decidir adónde ir de vacaciones.
Escucha y decide lo que quiere hacer cada persona.
Une los números con las letras:

1 El padre
2 Rafael
3 Ramón
4 Rosa
5 La madre

a vacaciones al sol
b campamento
c visitas culturales
d vacaciones en la montaña
e actividades deportivas

Before listening, look at the questions and think what words you might expect to hear.

2
Completa las frases siguientes.

1 *Prefiero ir a esquiar...*
2 *Prefiero ir al Caribe...*
3 *Prefiero ir a la playa...*
4 *Prefiero hacer camping...*
5 *Prefiero hacer deporte...*
6 *Prefiero hacer excursiones...*

a porque me gustan las vacaciones al sol.
b porque me interesan las vacaciones de tipo cultural.
c porque me gustan las vacaciones en la montaña.
d porque me encantan las vacaciones exóticas.
e porque me gustan las vacaciones activas.
f porque me apetecen vacaciones al aire libre.

3
A Escucha la entrevista con cuatro personas (1–4)
y apunta para cada uno:

i cómo le gusta viajar (a–d) y por qué
ii qué tipo de alojamiento prefiere (e–h) y por qué.

At first, only listen for the answer to the first part of each question. Listen carefully – the correct answer may not be what you immediately think it is.

B ¿Y tú? Practica con un compañero/una compañera.

¿Qué tipo de vacaciones te gustan?
¿Por qué?
¿Prefieres hacer camping o quedarte en un hotel?
¿Cómo te gusta viajar?

Use the phrases practised on this page to answer your questions. Answer as fully as possible.

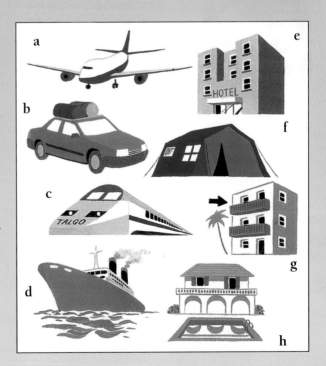

4 A Lee las siguientes ideas para las vacaciones de unos jóvenes mejicanos.

Me voy a ir a Acapulco o a otra playa; me encantan, sobre todo las de México.

Paulina

Yo creo que no voy a salir de vacaciones este año; será para el próximo, ya que tengo mucho trabajo.

Karla

Todavía no me decido, tengo ganas de irme a un crucero con mis papás y también me gustaría ir a Nueva York, pero hace mucho frío ahorita. Prefiero el crucero desde Miami al Caribe.

Mauri

Pues tomamos vacaciones los primeros días del año, siempre es igual, pero entre los planes está irnos a esquiar, pero todavía no sabemos adónde.

Alan

Me gustaría irme a Europa, tengo muchas ganas. Fui hace muchísimos años. Me encantaría irme con una maleta, con poquito dinero, andar en trenes.

Muy posiblemente me voy a Punta del Este o a la costa argentina con la familia. Tengo que aprovechar porque me espera mucho trabajo.

Pablo

Cha

Contesta a las preguntas:

1 ¿Quién no puede ir de vacaciones?
2 ¿Quién quiere hacer un viaje muy largo?
3 ¿Quiénes van a ir de vacaciones en familia?
4 ¿Quién va a ir de vacaciones donde hace frío?
5 ¿Quién va a viajar en barco?

B ¿Y tú? Practica con un compañero/una compañera.

¿Adónde vas a ir de vacaciones este año?
¿Vas a ir con la familia o con los amigos?
¿Cómo vas a viajar?
¿Dónde te vas a alojar?
¿Qué piensas hacer?

Listen carefully to each other's answers. Can you understand each other clearly?

5 Mira los anuncios de hoteles y contesta a las preguntas.

a

hotel ★★★ TURCOSA

Treballadors de la Mar, 1
Tel. (964) 28 36 00 - Fax (964) 28 47 37
12100 GRAO DE CASTELLON
Director: **Adolfo Pérez Bellido**

Situado frente al mar. 70 habitaciones todas exteriores, con baño privado. Teléfono directo. Minibar. TV color vía satélite con mando a distancia. Aire acondicionado. Hilo musical. Calefacción y detección de incendios. Bar y Salones para convenciones y actos sociales.

Habitación individual con baño .... 35,50€
Habitación doble con baño .... 45,90€
Habitación con salón .... 50€
Desayuno buffet libre .... 4,10€

Acepta: VISA-DINERS-AMERICAN EXPRESS-EUROCARD

b

HFP — HOTEL DE FRANCIA Y PARIS ★★★

Pl. de San Francisco, 6 - 11004 CADIZ
Teléfs. (956) 21 23 18-9 - 22 23 48-9
Fax 22 24 31

HOTEL RESIDENCIA

57 HABITACIONES•TELEFONOS•AIRE ACONDICIONADO
EN PLANTA NOBLE•CUARTOS DE BAÑO COMPLETOS•
CAFETERIA-BAR•TV COLOR HABITACIONES

Temporada alta: DOBLE CON BAÑO .... 42,50€
                 INDIVIDUAL CON BAÑO .... 26,95€
Temporada baja: DOBLE CON BAÑO .... 36,40€
                 INDIVIDUAL CON BAÑO .... 24,50€
Desayuno: 2,80€   +6% IVA

SITUADO EN EL CENTRO DE LA CIUDAD

1 ¿Qué hotel es más grande?
2 ¿Qué hotel es más caro?
3 ¿Qué hotel varia sus precios según la temporada?
4 ¿Qué hotel no tiene vistas al mar?

5 ¿Qué hotel tiene más instalaciones?
6 ¿En qué hotel puedes organizar una fiesta?
7 ¿Qué hotel acepta tarjetas de crédito?
8 ¿Qué hotel tiene dos números de teléfono?

6 Lee esta carta de reserva a un hotel.

> *Muy señor(a) mío/a:*
>
> *Quisiera reservar <u>dos habitaciones dobles con ducha</u> en su hotel para <u>quince días</u> desde el <u>27 de julio</u> hasta <u>el 10 de agosto</u>. Si es posible preferiría habitaciones <u>espaciosas, con televisión y vistas al mar</u>.*
>
> *Le ruego confirme la reserva y la forma de pago, y envíe el precio total con <u>pensión completa</u>. También le agradecería información sobre <u>las posibles excursiones organizadas desde el hotel</u>.*
>
> *A la espera de sus noticias le saluda atentamente,*

A Escribe una carta similar, utilizando la información siguiente:

> **Fechas:** 5 de mayo – 12 de mayo
> **Habitaciones:** una doble con baño; una individual con ducha
> **Requisitos:** terraza; vistas a la piscina; teléfono; media pensión
> **Información deseada:** la región; instalaciones deportivas en el hotel

B Escribe una carta similar pero adaptándola para hacer una reserva en un camping.

> **Fechas:** 10 de agosto – 20 de agosto
> **Sitio:** una caravana y una tienda pequeña
> **Requisitos:** cerca de los servicios; rincón tranquilo
> **Información deseada:** las instalaciones del camping; la región

Learn the format
of the letter.

7 A Has llegado al camping. Lee las frases siguientes y decide lo que dice el cliente y lo que dice la empleada. Haz dos listas.

a Buenos días.

o En total son quince euros.

i Sí, un colchón vale un euro al día.

u De nada.

b ¿Queda sitio?

j ¿Hay una tienda de alimentación?

e Somos dos adultos y dos niños.

c Sí, queda sitio.

s Si quiere, le cambio el sitio.

d ¿Cuántas personas son?

n Nos quedamos hasta el sábado.

f ¿Dónde prefiere el sitio?

l ¿Cuánto es para un coche y una caravana?

k Sí, está cerca de la entrada.

r Mi tienda está demasiado cerca de los cubos de basura.

q Sí, están al lado de los servicios.

h ¿Se puede alquilar un colchón de aire?

m ¿Hasta cuándo se quedan?

g Prefiero un sitio en la sombra.

p ¿Hay duchas con agua caliente?

t Muchas gracias, hasta luego.

B Utiliza las frases para hacer diálogos completos. Practica con un compañero/una compañera.

> In order to learn the phrases, test each other on giving the right answers.

8 Estudia el billete de tren y contesta a las preguntas.

1 ¿Desde dónde quiere viajar el pasajero?
2 ¿Cuándo quiere viajar?
3 ¿Cuándo ha reservado el billete?
4 ¿A qué hora llega el tren a Madrid Chamartín?
5 ¿Cuánto tiempo dura el viaje?
6 ¿Ha pagado el billete con dinero o un cheque?
7 ¿Qué tiene que hacer con el billete durante el viaje?

9 Escucha los tres diálogos (A–C) en el despacho de billetes y contesta a las preguntas:

A 1 ¿A que hora sale el próximo tren para Madrid?
  2 ¿Cuánto vale un billete de segunda clase de ida y vuelta?
  3 ¿Quiere fumador o no fumador?

B 1 ¿Cuántos trenes hay para Valencia?
  2 ¿Para cuándo quiere hacer la reserva?
  3 ¿En qué clase quiere viajar?

C 1 ¿Adónde quiere viajar el pasajero?
  2 ¿Tiene que hacer transbordo?
  3 ¿De qué andén sale el tren?

10 Con un compañero/una compañera haz dos diálogos en el despacho de billetes. Utiliza las preguntas de la actividad 9 y la información siguiente:

Próximo tren para (Madrid/Sevilla)
Sale del andén _____
Hay que hacer transbordo en _____
Precio segunda clase ida y vuelta

Madrid 10:29
4
Tomelloso
12 euros 50 céntimos

Sevilla 15:16
11
Córdoba
50 euros 75 céntimos

11 **A** Mira el anuncio de la línea aérea de Méjico y contesta a las preguntas.

▶ **Unico** Puente Aéreo.
▶ **Unico** con 110 vuelos semanales **sin escalas.**
▶ **Unico** con verdadera Primera Clase en todos sus vuelos.
▶ **Unico** con salones de Primera Clase en ambos aeropuertos.
▶ **Unico** con televisores individuales en equipo Boeing 727.
▶ **Unico** en introducir la alta tecnología del Airbus A-320.

▶ **Unico** con espacios más amplios en sus cabinas.
▶ **Unico** con comida tradicional norteña.
▶ **Unico** con champaña de cortesía en todo el avión.
▶ **Unico** con mostradores exclusivos para su documentación.
▶ **Unico** con atención especial en la sala de última espera.
▶ **Unico** con 99.6% de sus vuelos cumplidos.

1 ¿El vuelo de Méjico a Monterrey es directo?
2 ¿Cuántos tipos de avión usa en sus vuelos?
3 ¿Por qué puede resultar más cómodo el vuelo?
4 ¿Cuál es la bebida que ofrecen a todos los pasajeros?
5 ¿Cuáles son las tres ventajas en los aeropuertos si vuelas con Mejicana?

B Mira el horario de vuelo y contesta a las preguntas:

MEXICO · MONTERREY

VUELO	SALE	FRECUENCIA
MX 007	07:00	Lun. a Vie.
MX 009	09:00	Diario
MX 012	12:00	Diario
MX 015	15:00	Dom. a Vie.
MX 017	17:00	Diario
MX 019	19:00	Diario
MX 020	20:00	Diario
MX 021	21:00	Dom. a Vie.

1 Es lunes a las siete y media.¿A qué hora sale el próximo vuelo?
2 Es sábado a las tres menos cuarto.¿A qué hora sale el próximo vuelo?
3 ¿A qué hora es el último vuelo el sábado?

12 **A** Escucha una conversación entre dos pasajeros que hablan de los problemas de viajar en avión. Pon en orden los dibujos (a–e) de los cinco problemas mencionados.

B Escucha otra vez y une los números (1–5) con las letras (a–e) para hacer frases completas:

1 Hubo un retraso
2 Había fumadores

3 La comida
4 Las azafatas no tenían
5 Hubo otro retraso

a estaba fría.
b la información adecuada para los pasajeros que tenían que conectar con otro vuelo.
c de tres horas.
d en los asientos de no fumadores.
e en sacar el equipaje del avión.

Before listening, try to work out the meaning of these phrases.

C Ahora, escribe una carta de reclamación a una compañía aérea después de un viaje desastroso usando las frases de la sección A.

Muy señor(a) mío/a:

Le escribo para protestar por la calidad de su vuelo número 387 de Madrid a Londres. De hecho

13 Vas a ir de vacaciones durante 16 días a la República Dominicana, una isla caribeña hispanohablante. Lee la información siguiente sobre la isla y el itinerario de viaje.

Escribe una carta a tu amigo/a por correspondencia español(a) para hablarle de tus planes.

Añade la información siguiente:

¿Cómo y cuándo vas a viajar?

¿Con quién vas a viajar?

¿Dónde te vas a alojar?

¿Cuánto dinero vas a llevar?

¿Qué te gustaría comprar?

¿Qué te gustaría probar de los platos típicos?

¿Qué ropa vas a llevar?

¿Qué vas a hacer cada día según el itinerario?

16 días

■ ITINERARIO:

1er día (Lunes): España-Santo Domingo
Vuelo especial a Punta Cana. Llegada y traslado por carretera a Sto.Domingo

2º y 3er día (Mar-Mié): Santo Domingo
Días libres en la capital de Republica Dominicana. Opcionalmente, realice la visita a la ciudad, que le permitirá un mayor aprovechamiento durante su estancia.

4º día (Jue): Sto. Domingo-Puerto Plata
Traslado por carretera a Pu rto Plata.

5º al 7º día (Vie-Dom): Puerto Plata
Días libres en la costa norte del país. Participe en alguna visita facultativa a Samaná, Jarabacoa, etc.

8º día (Lunes): Puerto Plata-Punta Cana
Traslado por carretera a Punta Cana.

9º al 14º día (Mar-Dom): Punta Cana
Días libres para disfrutar de magníficas playas o realizar excursiones opcionales a Altos de Chavón, Palmilla, etc.

15º día (Lunes): Punta Cana - España
Traslado al aeropuerto de Punta Cana y vuelo de regreso. Noche a bordo.

16º día (Martes): España
Llegada.

Try to combine copying parts of the text with your own words. Wherever possible, add personal comments. Make sure you use the correct tense.

■ DOCUMENTACION: Pasaporte español en vigor. Es imprescindible la tarjeta de turista que se cumplimenta a la entrada al país. Los trámites y pago (10 USD) se efectúan en el aeropuerto de entrada y su coste no está incluido en el precio del viaje. Rogamos consulten para súbditos de otras nacionalidades.

■ EQUIPAJE: Se permite facturar un máximo de 20 Kg por persona (el exceso de equipaje tiene una tarifa suplementaria). A bordo sólo está permitido subir un bolso de mano, por lo que cualquier bulto adicional, debe facturarse según estrictas normas de seguridad. En caso de deterioro o extravío de su equipaje, no olvide presentar la correspondiente denuncia en el aeropuerto.

■ PRESENTACION EN EL AEROPUERTO: Dos horas antes de la salida del vuelo, mostrador de IBEROJET, en los aeropuertos de Madrid o Barcelona.

■ TASAS DE AEROPUERTO: No incluidas en el precio del viaje. Su importe aproximado es de 10 USD (importe sujeto a variación sin previo aviso). Le sugerimos tenga previsto el importe de las tasas de aeropuerto para evitar molestias e inconvenientes.

El día de su salida recibirá nuestra Guía de Información General que le ampliará detalles sobre la República Dominicana.

Práctica

Uso del presente continuo

Uso del pasado continuo

1 Contesta a la pregunta con la forma adecuada del presente continuo.

¿Qué estás haciendo?

Ejemplo: (Hacer/deberes) ***Estoy haciendo los deberes.***

1 (Ver – tele)
2 (Escuchar – radio)
3 (Comer – bocadillo)
4 (Jugar – tenis)
5 (Hacer – comida)
6 (Fregar – platos)
7 (Leer – libro)
8 (Escribir – carta)

2 Contesta a las preguntas con la forma adecuada del presente continuo.

1 ¿Qué está haciendo tu hermano? (Ver – tele)
2 ¿Qué están haciendo tus padres? (Preparar – cena)
3 ¿Qué estáis haciendo? (Jugar – fútbol)
4 ¿Qué está haciendo tu profesor? (Dar – deberes)
5 ¿Qué estáis haciendo? (Hacer – deberes)

3 Contesta a las preguntas con la forma adecuada del pasado continuo.

¿Qué estabas haciendo?

Ejemplo: (Hacer/deberes) ***Estaba haciendo los deberes.***

1 (Ver – tele)
2 (Leer – libro)
3 (Mirar – camisetas)
4 (Dar – paseo)
5 (Bajar – calle)
6 (Preparar – comida)
7 (Hacer – natación)
8 (Hablar – por teléfono)

4 Pon la forma adecuada del pasado continuo o del pretérito.

Ejemplo: ***(Bajar) la calle cuando (ver) un camión enorme.***
Estaba bajando la calle cuando vi un camión enorme.

1 (Hacer) los deberes cuando (sonar) el teléfono.
2 (Ver) la tele cuando (oir) un ruido.
3 (Hablar) con mi hermana cuando (llegar) mis amigos.
4 (Hacer) natación cuando (empezar) a llover.
5 (Comer) cuando (entrar) mi madre.
6 (Andar) por la calle cuando (caerse).
7 (Buscar) la tienda cuando (perder) mi bolsa.
8 (Salir) del cine cuando (ver) a mis amigos.

Vocabulario

las vacaciones	*holidays*	**los viajes**	*travel*
el aire libre	*open air*	el avión	*plane*
una actividad	*activity*	el aeropuerto	*airport*
la montaña	*mountain*	el andén	*platform*
la playa	*beach*	un asiento	*seat*
una visita cultural	*cultural visit*	una azafata	*air hostess*
		un billete	*ticket*
el alojamiento	*accommodation*	la consigna	*left luggage*
		el equipaje	*luggage*
el agua caliente	*hot water*	la estación	*station*
un albergue	*hostel*	(no) fumador	*(non-)smoking*
el aparcamiento	*parking*	el horario	*timetable*
un apartamento	*apartment, flat*	la información	*information*
un cámping	*campsite*	un(a) pasajero/a	*passenger*
las duchas	*showers*	un pasaporte	*passport*
un sitio	*pitch*	(de) primera clase	*first class*
		próximo/a	*next*
un hotel	*hotel*	un retraso	*delay*
una habitación	*room*	la sala de espera	*waiting room*
una habitación doble	*double room*	(de) segunda clase	*second class*
las instalaciones	*facilities*	los servicios	*toilets*
media pensión	*half board*	la taquilla	*ticket office*
pensión completa	*full board*	el tren	*train*
una piscina	*swimming pool*	la ventanilla	*train window*
la recepción	*reception*	un vuelo	*flight*
unas vistas al mar	*sea view*		
		durar	*to take (time), to last*
alojarse	*to stay*	hacer transbordo	*to change trains*
alquilar	*to rent*	llegar	*to arrive*
preguntar	*to ask*	salir	*to leave*
reservar	*to book*	viajar	*to travel*
		volar	*to fly*

Todo bajo el sol 8

1 Mira los símbolos del tiempo ayer, hoy y mañana. Lee las frases y corrígelas si hay un error.

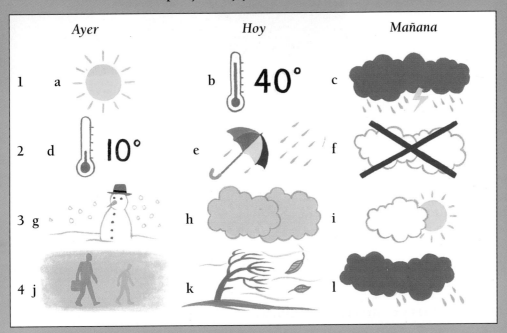

Ayer   *Hoy*   *Mañana*

1 a   b 40°   c

2 d 10°   e   f

3 g   h   i

4 j   k   l

1 Ayer hizo sol. Hoy hace mucho calor. Mañana va a haber tormenta.
2 Ayer hizo calor. Hoy está lloviendo. Mañana va a estar despejado.
3 Ayer estuvo nevando. Hoy está nublado. Mañana va a hacer frío.
4 Ayer hubo niebla. Hoy hace mal tiempo. Mañana va a hacer viento.

2 **A** Escucha el pronóstico del tiempo para mañana y, utilizando los símbolos de la actividad 1 (a–l), indica qué tiempo va a hacer en las ciudades siguientes:

1 Madrid   4 Alicante
2 Sevilla   5 La Coruña
3 Barcelona   6 Cáceres

B Escucha el pronóstico del tiempo para la semana en la comunidad de Madrid. Haz un resumen del tiempo que va a hacer.

1 A principios de semana...
2 A mediados de semana...
3 El fin de semana...

3 Estás pasando una semana en la Costa del Sol. Escribe una postal a tu amigo/a por correspondencia que vive en Madrid. Describe el tiempo en los últimos días, ahora y el pronóstico para el resto de tu estancia en la costa.

4 Escucha a estos jóvenes españoles que hablan de los bares en España.

A Haz una lista de las bebidas y tapas mencionadas.

B Menciona dos ventajas de los bares en España.

5 Practica el diálogo siguiente con un compañero/una compañera.

Cliente:	¡Oiga, por favor!
Camarero:	Dígame.
Cliente:	¿Nos pone <u>dos cervezas, una limonada</u> y <u>un vino tinto</u>, por favor?
Camarero:	Muy bien. <u>Limonada no</u> hay.
Cliente:	¿Tiene <u>zumo de naranja</u>?
Camarero:	Sí, <u>natural o de botella</u>?
Cliente:	Natural. ¿Y nos trae una ración de <u>queso</u> y <u>unas aceitunas</u>, por favor?
Camarero:	Vale.

Haz más diálogos cambiando las palabras subrayadas.

> Record your dialogues together.
> Do they sound good to you? Can
> your friends understand them?

6 Lee los anuncios de restaurantes y contesta a las preguntas.

La Torre de Oro

Carretera del Aeropuerto, Zaragoza.
Cierra lunes. Tarjetas: admite todas. Entre 17 euros 50 céntimos y 27 euros 50 céntimos. Sopa de pescado: 4 euros. Cogote de merluza: 9 euros. Mottos con crema de alubias: 7 euros 50 céntimos. Sufflé de chocolate: 3 euros 50 céntimos.

El Jardín

Antonio Machado, 12, Barcelona.
Tarjetas de crédito: todas. Cierra los domingos y festivos, sólo por la noche. Entre 22 euros 50 céntimos y 27 euros 50 céntimos. Arroz con borrajas y almejas: 6 euros 25 céntimos. Lomos de merluza con lentejas y calamarcitos: 9 euros 50 céntimos. Pechuga de pato con melocotones: 8 euros 50 céntimos. Dulce de requesón y miel: 3 euros.

La Fonda

San Francisco, 23, Lasarte.
Cierra los lunes. Tarjetas: Visa y Mastercard. Precio: entre 7 euros 50 céntimos y 12 euros 50 céntimos. Menú: 5. Parrillada de verduras: 2 euros 50 céntimos. Fideos negros: 3 euros 50 céntimos. Cigalas con pollo: 5 euros. Crema catalana: 1 euro 30 céntimos.

El Molino del Monte

Arena, 4, San Sebastián.
Cierra domingos noche y lunes. Tarjetas: admite todas. Entre 17 euros 50 céntimos y 27 euros 50 céntimos. Tartaleta de setas: 5 euros. Rabo de toro: 8 euros 50 céntimos. Rodaballo con salsa de puerros: 9 euros 50 céntimos. Surtido de chocolate: 2 euros 50 céntimos.

1 ¿Cuál es el único restaurante abierto los lunes?
2 ¿Qué restaurante no admite todas las tarjetas de crédito?
3 ¿Cuál es el restaurante más barato?
4 Se menciona un plato exclusivamente español. ¿Dónde puedes comerlo?
5 Se menciona un plato de pescado y mariscos. ¿Dónde puedes comerlo?
6 ¿Cuál es el postre más caro y dónde puedes comerlo?

7 Escucha seis reservas por teléfono en un restaurante. Mira el plan del restaurante y elige una mesa adecuada para cada reserva. Indica el nombre y la hora que tiene que poner el camarero.

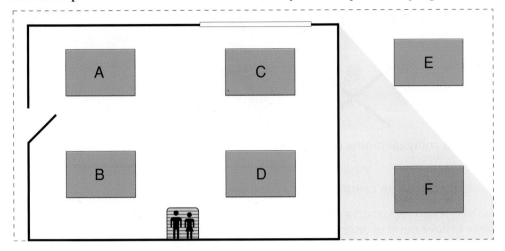

8 Estás en un restaurante. Practica el diálogo siguiente con un compañero/una compañera.

Cliente: Buenos días. ¿Hay una mesa libre?
Camarero: Sí. ¿Para cuántas personas?
Cliente: <u>Cuatro.</u> ¿Tiene una mesa <u>cerca de la ventana?</u>
Camarero: Están todas ocupadas, pero hay una <u>cerca de la entrada</u>.
Cliente: De acuerdo.

Haz más diálogos cambiando las palabras subrayadas. Utiliza los ejemplos siguientes:

| en la terraza | a la sombra | al sol | en un rincón | lejos de los servicios |

9 **A** ¡A veces hay problemas! Une las frases con los dibujos:

1 No tengo tenedor.
2 No tengo cuchillo.
3 No tengo cuchara.
4 ¿Me trae la sal?
5 ¿Me trae la pimienta?
6 ¿Me trae el aceite?

7 La carne está poco hecha.
8 La sopa está fría.
9 El vaso está sucio.

10 No he pedido esto.
11 ¡Tengo prisa!
12 ¡Hay un error en la cuenta!

a   b   c   d
e   f   g   h
i   j   k   l

B Inventa un diálogo entero en el restaurante utilizando todas las frases de las actividades 5, 8 y 9. Practícalas con un compañero/una compañera.

Record these dialogues and use the tapes for revision.

10 A Estás en el hotel. Une las frases con los dibujos para expresar el problema:

1 El ascensor no funciona.
2 No hay jabón en la habitación.
3 ¿Puede cambiarme las toallas?
4 La luz no funciona.
5 El lavabo está atascado.
6 Hay demasiado ruido.

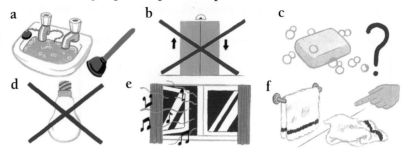

B Practica las frases con un compañero/una compañera.

11 A Practica el diálogo siguiente con un compañero/una compañera.

Cliente: Buenos días. Tengo una reserva para <u>una habitación doble con baño</u>.
Empleado/a: Aquí tiene la llave número once. La habitación está en <u>el primer piso</u>.
Cliente: Hay un problema. <u>La habitación no da al mar</u>.
Empleado/a: Lo siento. <u>Están todas reservadas</u>.
Cliente: Bueno. Me quedo con esta habitación. Pero ¿me da otra almohada?
Empleado/a: En seguida.

B Haz más diálogos cambiando las frases subrayadas y practícalos con un compañero/una compañera.

12 Lee el principio de una carta de reclamación a un hotel.

> Muy señor/a mío/a:
>
>   Le escribo para expresar mi
> insatisfacción durante mi estancia en su
> hotel.
>   Al llegar a recepción tuve que esperar
> mucho tiempo antes de poder recoger la llave
> de mi habitación. Luego, la habitación no
> daba al mar como había pedido. Las toallas
> estaban sucias y no había jabón

> **Use the correct past tenses – the preterite for action and the imperfect for description.**

Escribe una carta de
reclamación a un hotel.

★ ★ ★
Hotel Residencia
Miramar

✧ Habitaciones con baño y ducha
✧ Restaurante gastronómico
✧ Vistas al mar
✧ Jardín tropical
✧ Piscina al aire libre

13 A Estudia la información sobre estos dos hoteles. Escucha a ocho turistas
(1–8) que dan su opinión y averigua de qué hotel hablan.

Study the materials carefully
before listening and try to predict
what you might be going to hear.
Jot down notes while you listen
and then decide on your answer.

FICHA

x

● Habitaciones: 8 ● Aparcamiento exterior, garaje, jardín, sala de convenciones, bar, restaurante. Habitaciones con teléfono, minibar y televisión en
color. Rampa para minusválidos. Admite perros.

Arquitectura	9	Confortabilidad general	9
Decoración	10	Confort habitaciones	8
Estado de conservación	9	Servicio habitaciones	8
Señalización	7	Aseos	9
Ambiente	10	Desayuno	9
Atención	10	Tranquilidad interior	9
Instalaciones	8	Tranquilidad exterior	10

9 Puntuación de 0 a 10   **9** Relación calidad / precio   Establecimiento con encanto   Entorno ecológico

FICHA

y

● Habitaciones: 17 ● Aparcamiento exterior, sala de estar, restaurante. Habitaciones con teléfono y televisión en color. No hay facilidades para minusválidos.
Animales, prohibidos.

Arquitectura	8	Confortabilidad general	7
Decoración	5	Confort habitaciones	6
Estado de conservación	8	Servicio habitaciones	6
Señalización	7	Aseos	5
Ambiente	6	Desayuno	4
Atención	8	Tranquilidad interior	8
Instalaciones	5	Tranquilidad exterior	9

10 Puntuación de 0 a 10   **10** Relación calidad / precio   Establecimiento con encanto   Entorno ecológico

B Lee las frases siguientes e indica a qué hotel (x o y) corresponden y a qué categoría
(Arquitectura, Decoración, etc.):

1 El edificio del hotel era precioso y muy original.
2 Los muebles del hotel no eran muy buenos y no había nada en las paredes.
3 Por las mañanas no nos daban mucho de comer y el café no era bueno.
4 Las camas eran cómodas.
5 Aunque muy pacífico, de vez en cuando se oía pasar algún coche.

C Has pasado unos días en los dos hoteles. Escribe una carta a tu amigo/a por
correspondencia, describiéndolos y comparándolos. Luego, haz una recomendación.
Utiliza las secciones A y B como ejemplos.

Make sure that you use the correct past
tense (imperfect) for description.

14 Lee las informaciones sobre viajes especiales en España y al extranjero para españoles.

¡Todos rumbo a París!

★ Cuando llegues a uno de los hoteles incluidos en esta promoción *Fin de semana en París*, te entregarán un folleto en el que encontrarás el carné *Visitas de París*, con importantes descuentos en muchos lugares turísticos de esta ciudad, una tarjeta bono-metro válida para dos días totalmente gratis, una guía y descuento del 10 por ciento en las famosísimas Galerías Lafayette. Además, los restaurantes aso-ciados te darán una muy especial acogida. Si viajas con niños de menos de 12 años,

en tu misma habitación, lo harán gratis. Infórmate en la **Maison de la France**: (91) 5 76 31 44 y (93) 3 18 01 91.

La Torre Eiffel, uno de los símbolos de París.

Notre Dame, verdadera joya arquitectónica.

TEXTOS: CARMEN GARIJO.FOTOS HUESCA: RICARDO AZON

Días dorados en Tenerife

★ Dos noches de alojamiento en el Hotel Mencey de Tenerife, con desayuno bufé, entrada al Museo Arqueológico, importantes descuentos en una selección de tiendas, uso sin cargo o con descuento de instalaciones deportivas, golf... Oferta válida hasta el 31 de marzo.

Thailandia a todo lujo

★ Avión en línea regular, traslados en un Mercedes con chófer y guía de habla hispana, hotel de primera categoría, desayuno americano y seguro de viaje. Estas son algunas de las ventajas que te ofrece **Viajes Astrolabia** si decides viajar con ellos a Thailandia entre el 6 de enero y el 30 de marzo. Una semana en Bangkok sale por unos 75€, y tienes disponible cualquier itinerario que tú elijas.

A Une las ventajas (1–3) con las condiciones (a–c):

1 Unas vacaciones en condiciones lujosas donde puedes elegir lo que haces.
2 Unas vacaciones con muchas ventajas económicas sobre todo si viajas con la familia.
3 Unas vacaciones donde se puede combinar sol, cultura y deporte.

a Tienes que reservar antes del 31 de marzo.
b Tienes que quedarte en uno de los hoteles que forman parte de la promoción.
c Sólo tienes tres meses para hacer la reserva.

B Contesta a las preguntas:

1 ¿Qué vacaciones se recomiendan con niños pequeños?
2 ¿Qué vacaciones se recomiendan si sólo tienes unos días disponibles?
3 ¿Qué vacaciones se recomiendan si quieres estar seguro de que no habrá problemas?

> Don't panic if you don't understand everything. Pick out key words that you think will help you answer the questions.

15 Escribe una carta a tu amigo/a por correspondencia, describiendo tus vacaciones.

Utiliza las ideas siguientes. Elige los verbos adecuados y ordena las frases:

El hotel (era/tenía) muy cómodo; (era/tenía) muchas ventajas; pero (era/tenía) una habitación con vista al jardín en lugar de la playa.

(Llegué/Decidí) ir de vacaciones al sol.

A pesar de los problemas las vacaciones (tenían/eran) muy agradables.

(Jugué/Fui) a la playa; (hice/leí) excursiones; (comí/fui) a restaurantes; (bailé/canté) en las discotecas.

(Hubo/Tuvo) un problema: (hubo/tuvo) un robo en el hotel; (robaron/comieron) dinero y cheques de viaje.

(Comí/Leí) muchos folletos antes de decidir.

(Tomé/Pensé) la decisión de ir a España – a la Costa Blanca.

(Viajé/Llegué) en avión: (hubo/tuvo) un retraso de dos horas.

(Hizo/Hubo) mal tiempo.

En el viaje de vuelta no (hubo/tuvo) problemas.

Práctica

Uso del imperfecto

1 Pon la forma adecuada del imperfecto.

Cuando (tener) diez años, (ser) un chico extrovertido y animado. (Tener) el pelo corto y rizado y (ser) bastante bajo. (Vivir) con mis padres pero nunca (estar) en casa. (Ir) a casa de mis amigos y (jugar) con ellos en el parque. (Llevar) camisetas de colores y zapatillas de deporte. (Comer) galletas y (beber) leche. (Tener) problemas en el colegio porque no (hacer) los deberes.

2 Pon la forma adecuada del imperfecto.

1 El viaje (ser) largo y difícil.
2 El avión (estar) lleno.
3 Las azafatas (tener) mucho trabajo.
4 El hotel (ser) grande y lujoso.
5 La habitación (tener) vistas al mar.
6 No (haber) bastante toallas.
7 El cuarto de baño (estar) un poco sucio.
8 (Ir) a la playa todos los días.
9 Siempre (haber) mucha gente en la playa.
10 Después de nadar, (tomar) el sol.

3 Pon la forma adecuada del imperfecto.

1 Me he roto el brazo mientras (jugar) al tenis.
2 He perdido la cartera mientras (hacer) las compras.
3 Hice mis deberes mientras (escuchar) la radio.
4 Mi hermana (preparar) la comida mientras que yo (poner) la mesa.
5 Mis amigos (querer) ir al cine mientras que yo (querer) ir al teatro.

4 Elige la forma adecuade del pretérito o del imperfecto.

1 Ayer (ir) al cine pero la película no (ser) buena.
2 (Tener) muchos problemas con los deberes ayer porque (ser) muy difíciles.
3 Ayer (limpiar) toda la casa y después (estar) bastante cansado.
4 El sábado pasado (invitar) a mis amigos porque mis padres no (estar).
5 (Ser) muy divertido porque (bailar) toda la noche.
6 (Haber) mucho ruido y los vecinos (enfadarse).
7 Cuando (volver) mis padres, (estar) muy enfadados también.
8 (Llamar) la recepción del hotel para decir que no (haber) jabón en el cuarto de baño.
9 (Decidir) hacer natación pero el agua (estar) demasiado fría.
10 El museo (estar) muy lejos así que (ir) en autobús.

5 Elige la forma adecuada del pretérito o del imperfecto.

El otro día (ir) de compras al Corte Inglés. (Querer) comprar un regalo para mi familia. (Haber) muchas cosas bonitas y no (poder) decidir. (Ver) a una mujer muy rara en la sección Hogar. (Ser) muy grande y (tener) el pelo largo y negro. (Ir) vestida toda de negro. (Llevar) una camisa negra y una falda negra muy larga. La falda (tener) puntitos rojos. También (llevar) gafas de sol. De repente la mujer (coger) un plato y lo (poner) en su bolsa. (Mirar) a su alrededor pero no me (ver). (Estar) nerviosa pero (coger) otro plato antes de dirigirse hacia la salida. Yo (tener) un poco miedo pero (decidir) llamar al guarda de seguridad.

6 Eres testigo/a de un robo. Describe lo que viste y lo que hiciste.

Vocabulario

el tiempo	weather
el buen tiempo	good weather
la lluvia	rain
el mal tiempo	bad weather
la niebla	fog
la nieve	snow
una nube	cloud
el sol	sun
las temperaturas	temperature
la tormenta	storm
el viento	wind

alcanzar	to reach
bajar	to go down
estar despejado	clear skies
estar nublado	to be cloudy
haber niebla	to be foggy
haber tormentas	to be stormy
hacer sol	to be sunny
hacer viento	to be windy
llover	to rain
mejorar	to improve
nevar	to snow
subir	to go up

las bebidas	drinks
el agua	water
el café	coffee
el coñac	brandy
la leche	milk
la limonada	lemonade
la naranjada	orangeade
la sangría	sangría
el té	tea
el vino blanco	white wine
el vino tinto	red wine
el zumo de naranja	orange juice

las tapas	snacks
unas aceitunas	olives
unas anchoas	anchovies
el jamón	ham
unas patatas fritas	crisps
una ración	a portion
el queso	cheese

los platos típicos	typical dishes
la carne	meat
el cocido madrileño	Madrid stew
los mariscos	seafood
la paella	paella
el pescado	fish
el pollo asado	roast chicken
el postre	dessert
el primer plato	first course
el segundo plato	main course
la tortilla española	Spanish omelette

el restaurante	the restaurant
una cuchara	spoon
una cucharita de café	coffee spoon
un cuchillo	knife
la cuenta	bill
el menú	menu
una mesa	table
un platillo	saucer
un plato	plate, dish
un rincón	corner
roto/a	broken
una servilleta	serviette
la sombra	shade
sucio/a	dirty
una taza	cup
un tenedor	fork
la terraza	terrace
un vaso	glass

faltar	to be missing
reservar	to book

el alojamiento	accommodation
una almohada	pillow
el ascensor	lift
el jabón	soap
el lavabo	sink
la luz	light
el ruido	noise
la toalla	towel

cambiar	to change
dar	to give
estar atascado/a	to be blocked
funcionar	to work
necesitar	to need

Comprar y comer 9

1 **A** Escucha a los cuatro jóvenes y apunta su comida preferida.

¿Cuáles de estos platos son más adecuados para ellos?

a gazpacho andaluz
b pollo asado
c paella de mariscos
d helado de chocolate

B ¿Y tú? Practica con un compañero/una compañera.

¿Qué te gusta comer?
¿Cuál es tu plato preferido?

2 **A** ¡El supermercado está cerrado! Escucha la lista de compras de María y apunta en orden las tiendas que necesita.

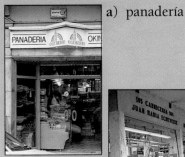 a) panadería

 b) frutería

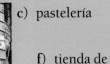 c) pastelería

f) tienda de alimentación

d) carnicería

e) pescadería

B Escribe una lista de compras de diez artículos. Escribe también la tienda que necesitas para cada artículo.

Lista de compras

Aspirinas	Farmacia

3 A Escucha los anuncios de ofertas en el supermercado y une los artículos con los precios rebajados.

a) 5,95€
b) 1,35€
c) 1,60€
d) 1,75€
e) 5€
f) 1,05€
g) 3,80€

1
2
3
4
5
6
7

B Escucha otra vez y apunta cuál era el precio original de cada uno de los artículos.

4 Escucha cuatro diálogos en una tienda de alimentación (1–4) y apunta:

a el artículo
b la cantidad
c el precio.

5 A Aquí tienes cuatro problemas que pueden ocurrir haciendo la compra. Une cada problema (1–4) con el símbolo adecuado (a–d):

1 Lo siento, no queda aceite.

2 Es demasiado caro.

3 Esta fruta no es fresca.

4 Lo siento, no aceptamos tarjetas de crédito.

a
b
c   167,10€
d

B ¿Cuáles de las frases (1–4) puede decir la clienta y cuáles puede decir el dependiente?

6 Lee el diálogo siguiente y apunta la secuencia (a–j) de los dibujos.
Luego practica el diálogo con un compañero/una compañera.

Cliente:	Quisiera medio kilo de tomates.
Dependienta:	Muy bien. ¿Algo más?
Cliente:	Sí, ¿tiene zanahorias?
Dependienta:	Lo siento, no quedan.
Cliente:	Pues, ¿cuánto valen las judías?
Dependienta:	0,25 euros el kilo.
Cliente:	Bueno, deme un kilo de judías.
Dependienta:	En total son 1,50 euros.
Cliente:	Sólo tengo un billete de 20 euros.
Dependienta:	Está bien, tengo cambio.

7 Practica los diálogos siguientes con un compañero/una compañera.

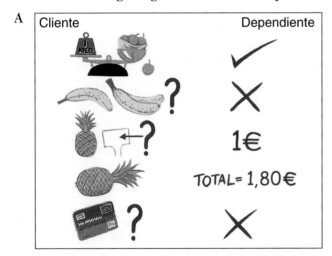

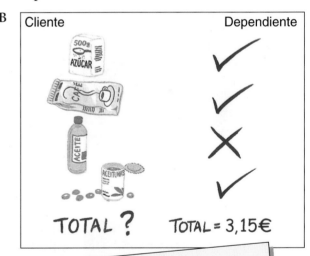

8 Lee esta carta de tu amigo/a por correspondencia español(a) sobre unos platos típicos de España. Escribe una carta similar sobre unos platos típicos de tu país.

Use what you can from the stimulus letter.

¡Hola!

¿Qué tal estás? Antes de visitarme aquí en España te voy a decir lo que nosotros comemos. Así, puedes escribirme por si acaso no te gusta alguna cosa. Pues, lo que comemos mucho de primer plato es la tortilla de patatas. De segundo comemos o carne o pescado. Aquí en España comemos muchos mariscos (por ejemplo, en la paella) y platos con bacalao o merluza. También nos gusta hacer un cocido madrileño con muchas verduras y chorizo. De postre, solemos comer fruta ya que aquí en España es muy rica.

9 **A** Mira la receta para hacer una tortilla paisana y une las instrucciones adecuadas (a–l) con las fotografías.

TORTILLA PAISANA

A Pelar y picar finamente la cebolla y el perejil.

B Sugerencia: Añadir el jamón y dejar freír 3 minutos más.

C Pelar y cortar las patatas en daditos de 1 cm. Quitar las puntas de las judías y trocearlas.

D En el mismo aceite verter la mezcla de huevo y dejar cuajar por un lado.

E Cocer las patatas en agua hirviendo con sal 8 minutos, escurrir y dejar enfriar.

F Agregar el perejil y el sofrito de cebolla y pimiento.

G Quitar el pedúnculo y las semillas del pimiento rojo y cortarlo en cuadritos.

H Cocer aparte las judías en agua hirviendo con sal 10 minutos, escurrir y dejar enfriar.

I En un bol grande batir ligeramente los huevos y sazonar al gusto.

J Calentar el aceite en la sartén y freír la cebolla y el pimiento 10 minutos.

K Incorporar las patatas y las judías.

L Darle la vuelta y dejar cocer hasta que esté totalmente cuajada.

B Haz una lista de los ingredientes de la tortilla.

C Escribe una receta fácil para tu amigo/a por correspondencia en España – algo típico de tu región o de tu familia.

a

b

c

10 A Escucha a estos tres jóvenes (1–3) y decide quién corresponde a cada foto (a–c).

B Escucha otra vez y haz una lista de la ropa que les gusta llevar en su tiempo libre.

C ¿Y tú? Practica con tu compañero/compañera. ¿Qué te gusta llevar durante tu tiempo libre?

> Look at the illustrations for clues before and during listening.

11 Vas a visitar a tu amigo/a por correspondencia. Escríbele para decirle lo que vas a llevar cuando llegues. Completa el texto.

> ¡Hola!
> Aunque ya tienes una foto mía, te explico lo que voy a llevar cuando llegue al aeropuerto. Así podrás reconocerme más fácilmente. Como seguramente hará mucho calor, voy a llevar....

12 Une lo que dice el dependiente de una tienda de moda con el dibujo adecuado:

1 ¿Qué talla usa?

2 ¿Qué número usa?

3 ¿De qué color quiere la camisa?

4 ¿Quiere probarlo?

5 Lo siento, no tenemos una talla más pequeña.

6 Lo siento, no quedan camisetas azules.

13 A Practica el diálogo siguiente con un compañero/una compañera.

Cliente: Quisiera comprar <u>una camiseta</u>.
Dependiente: ¿De qué talla?
Cliente: <u>Grande</u>, por favor.
Dependiente: ¿De qué color?
Cliente: <u>Roja</u>. ¿Puedo probármela?
Dependiente: Claro. Venga por aquí.
Cliente: Es demasiado <u>grande</u>. ¿Tiene una talla más pequeña?
Dependiente: Lo siento. No quedan <u>camisetas rojas</u> de <u>talla mediana</u>.
Ciente: ¿Tiene la <u>talla mediana</u> en otro color?
Dependiente: Sí, aquí tiene en <u>amarillo</u>.

B Inventa otros diálogos cambiando las palabras subrayadas.

> The more you practise, the easier it is to remember.

14 Escucha cuatro anuncios de megafonía (1–4) de los grandes almacenes. Hay ofertas especiales en cuatro departamentos de moda. Apunta:

a el departamento y dónde está.
b cuánto tiempo dura la oferta.
c los artículos en oferta y los precios.

> Do not expect to identify all the answers in one go. Concentrate on one detail per recorded item at a time.

15 Lee el artículo y contesta a las preguntas.

CURIOSIDADES

Rebajas en Harrod's: un acontecimiento nacional

En España, sabemos que llegan las rebajas por los múltiples anuncios que aparecen en los periódicos y por los brillantes letreros que en las tiendas invitan a entrar. Son un hecho importante, pero no llegamos a extremos como los de Inglaterra. La temporada de rebajas en los almacenes Harrod's – que es donde cuentan que compra la Reina – es todo un acontecimiento nacional, como puede ser la apertura del Parlamento inglés. El año pasado acudió Richard Gere a dar el pistoletazo de salida de la época de descuentos así que ¡es importante! Decenas de millares de personas se desplazan a la capital británica para dar la bienvenida a las rebajas. Algunos son capaces de aguantar estoicamente tres días y tres noches en una larga cola a la entrada de los almacenes. Es cuestión de entrar el primero.

Rebajas, saldo o liquidación

Por rebaja se entiende la reducción del precio de un producto. El objeto debe ser de la misma calidad que antes de rebajarlo. El saldo, en cambio, es un producto que se abarata porque presenta algún defecto o tara o no es actual. La liquidación se realiza cuando la tienda en cuestión intenta vender todas las existencias que tiene almacenadas por cese o por cambio de negocio.

Así se llenan: así compramos

Los mayores grandes almacenes de España esperan recibir sólo en su primer día de Rebajas de enero y sumando todos sus centros, la asistencia de ¡un millón de personas! Por otra parte, éstos aumentan durante el mes de enero un 25 por ciento sus ingresos.

Compramos mucho más

Normalmente, en rebajas compramos muchas más cosas de las que necesitamos. Siempre vamos a buscar algo que nos hace falta y nos llevamos algo más porque está en oferta y es una verdadera ganga. Es muy difícil resistirse ...

En invierno hay más fraudes

Normalmente, hay más fraudes en las rebajas de invierno que en las de verano. Se reciben más reclamaciones porque se compra más y las prendas que se compran son más caras.

1 ¿Cómo se sabe en España que empiezan las rebajas?
2 ¿Con qué acontecimiento nacional se comparan las rebajas en Inglaterra?
3 ¿Qué tienes que hacer para entrar el primero?
4 ¿Cómo se llama la reducción de precio en las tiendas ...
   a cuando los productos no están en excelente estado?
   b cuando la tienda no sigue abierta?
   c cuando es una oportunidad de comprar productos nuevos a precio reducido?
5 ¿Cúales son las dos ventajas para una tienda durante las rebajas?
6 ¿Qué problema se le presenta al cliente durante las rebajas?

16 Lee esta carta de tu amigo/a por correspondencia.

> Estoy trabajando en la redacción de la revista de mi instituto. Necesitamos artículos sobre jóvenes de otros países. Este mes el tema es la moda. ¿Me puedes enviar un artículo de unas 100 palabras sobre la moda de los jóvenes de tu país?
>
> Nos gustaría saber el estilo de pelo que está de moda, los colores y las prendas que se llevan, y los accesorios. También nos gustaría saber tus opiniones sobre este tema. En España en este momento las chicas llevan el pelo muy corto y teñido de rubio. Los chicos llevan el pelo largo. Los colores vivos están muy de moda y se llevan mucho los vaqueros negros...

> Use what you can from the stimulus letter. You can add as many details as you like, re-using the same language structures.

Ahora, escribe el artículo.

Práctica

Uso de los adjetivos demostrativos

Uso de los adjetivos y de los pronombres posesivos

Uso de los interrogativos

1 Elige el adjetivo demostrativo adecuado *(este/esta/estos/estas)*.

1 _____ maleta es muy grande.
2 No me gusta _____ disco.
3 _____ niños son muy ruidosos.
4 ¡Qué ricas están _____ naranjas!
5 _____ días estoy un poco cansado.
6 _____ coche no funciona muy bien.
7 Lo siento pero _____ peras no están frescas.
8 Deme un kilo de _____ plátanos, por favor.
9 _____ camisa me queda demasiado estrecha.
10 _____ pantalón tiene una mancha.

2 Elige el adjetivo posesivo adecuado.

1 (Mi/Mis) gato no está aquí.
2 No tengo (mi/mis) pasaporte.
3 He perdido (mi/mis) llaves.
4 (Mi/Mis) padres son muy amables.
5 ¿Por qué no hiciste (tu/tus) deberes?
6 Mi hermana ha roto con (su/sus) novio.
7 Mi familia está triste porque (nuestro/nuestros) perro está enfermo.
8 Tenéis que hacer (vuestro/vuestros) deberes antes de salir.
9 Mi madre está enfadada porque ha perdido (su/sus) anillo preferido.
10 Mi amigo está muy preocupado porque no puede olvidar (su/sus) problemas.

3 Corrige el pronombre posesivo.

1 Estas llaves son <u>mío</u>.
2 ¿De quién es este cuaderno? ¿Es <u>tuyas</u>?
3 Prefiero mi coche al <u>suyos</u>.
4 ¿Son <u>vuestro</u> estos libros?
5 Esta camisa no es tan bonita como la <u>míos</u>.
6 Nuestro coche no es tan rápido como el <u>vuestra</u>.
7 Me gustan estas zapatillas pero no son tan cómodas como las <u>mía</u>.
8 ¿Vamos en mi coche o en el <u>tuyas</u>?
9 ¿ Estos calcetines son <u>mías</u> o <u>tuyo</u>?
10 No tengo mi tarjeta de crédito. ¿Tienes la <u>tuyos</u>?

4 Elige el pronombre interrogativo adecuado.

1 ¿(Cómo/Qué/Cuál) te llamas?
2 ¿(Cómo/Qué/Cuál) es tu número de teléfono?
3 ¿(Qué/Quién/Cuál) prefieres hacer esta noche?
4 ¿(Qué/Cómo/Cuál) de estas camisetas prefieres?
5 ¿(Cuándo/Cuánto/Cuál) vas a ir al cine?
6 ¿(Dónde/Adónde/De dónde) vas a ir esta noche?
7 ¿(Qué/De quién/Quién) es tu mejor amiga?
8 ¿(Por qué/Para qué/De qué) sirve esta toalla?
9 ¿(Quién/A quién/De quién) diste el regalo?
10 De todas estas zapatillas ¿(cuál/qué/cuáles) son más cómodas?

Vocabulario

la comida — *food*

el aceite	*oil*
el azúcar	*sugar*
el bacalao	*cod*
un bistec	*beefsteak*
los calamares	*squid*
la carne	*meat*
el cerdo	*pork*
una chuleta	*chop*
las espinacas	*spinach*
la fruta	*fruit*
una galleta	*biscuit*
un gramo	*gramme*
el helado	*ice cream*
el jamón	*ham*
las judías	*beans*
un kilo	*kilo*
una lata	*tin*
un litro	*litre*
una manzana	*apple*
los mariscos	*seafood*
un paquete	*packet*
el pan	*bread*
las patatas	*potatoes*
una pera	*pear*
el pescado	*fish*
la pimienta	*pepper*
un plátano	*banana*
el pollo	*chicken*

el queso	*cheese*
la sal	*salt*
la ternera	*veal*
los tomates	*tomatoes*
las uvas	*grapes*
las verduras	*vegetables*

las tiendas — *shops*

la carnicería	*butcher's*
el /la cliente/a	*customer*
la confección de caballeros	*menswear*
la confección de señoras	*ladieswear*
el/la dependiente/a	*shop assistant*
la frutería	*fruitshop*
los grandes almacenes	*department store*
el mercado	*market*
la panadería	*bakery*
la pastelería	*cakeshop*
la peletería	*leathershop*
la pescadería	*fishmonger*
el supermercado	*supermarket*
la verdulería	*greengrocer's*
la zapatería	*shoeshop*

comprar	*to buy*
devolver	*to return*
pagar	*to pay*
reclamar	*to complain*

La salud y el bienestar 10

 1 Escucha a las personas (1–6) y averigua qué les duele (a–f).

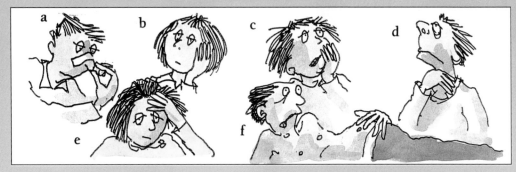

 2 Escucha las instrucciones para un ejercicio de aerobic y pon las partes del cuerpo en el orden en que las has escuchado.

los pies
las manos
las rodillas
los brazos
la cabeza
la pierna

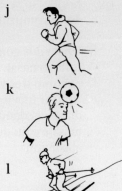

 3 Escucha a estos cuatro jóvenes (1–4) y apunta qué les ha pasado (a–f) y cómo (g–l). Une cada número con dos letras.

¿Qué?

a

b

c

d

e

f

¿Cómo?

g

h

i

j

k

l

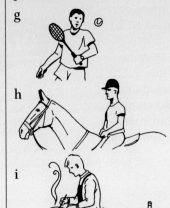

4 A Lee este diálogo en la farmacia y apunta el problema y el remedio.

Farmacéutica:	Buenos días. ¿Qué desea?
Cliente:	Buenos días. ¿Tiene algo para el dolor de garganta?
Farmacéutica:	¿Tiene otros síntomas?
Cliente:	Sí. También me duele la cabeza.
Farmacéutica:	Aquí tiene unas pastillas para la garganta y una aspirina para el dolor de cabeza.
Cliente:	¿Cuántas pastillas tengo que tomar al día?
Farmacéutica:	Dos pastillas cada cuatro horas.
Cliente:	Muchas gracias. Adiós.

B Practica otros diálogos con un compañero/una compañera usando los dibujos (a–j).

5 Mira el anuncio para este medicamento y contesta a las preguntas:

1 ¿Para qué parte del cuerpo es adecuado?

2 ¿Es adecuado este medicamento para niños?

3 ¿Se necesita consultar al médico antes de utilizar este medicamento menos de tres días?

4 Elige la forma adecuada de administrar el medicamento (posología) – a), b) o c).

  a Un comprimido cada 4–6 horas. No se excederá de 4g (6 comprimidos) en 24 horas.

  b Una o dos gotas en cada orificio nasal, como máximo tres veces al día.

  c Aplicar una o más veces al día el gel dando un suave masaje a fin de favorecer la absorción.

Otrivín®

NEBULIZADOR

Descongestiona la nariz y alivia el goteo nasal

◢◢ Zyma

Clorhidrato de Xilometazolina. No utilizar más de 3 días seguidos, sin consultar a su médico. Consulte con su médico o farmacéutico. No utilizar en niños menores de 6 años. Lea las instrucciones. CPS 94.146

6 Lee la advertencia de este medicamento y averigua si las frases siguientes son verdaderas o falsas.

1 Este medicamento está indicado para un resfriado.
2 Este medicamento está indicado para el dolor de estómago.
3 Los adultos no pueden tomar más de seis comprimidos al día.
4 Este medicamento no es adecuado para los niños menores de seis años.

> **INDICACIONES**
> Este producto está especialmente indicado para el tratamiento del resfriado común y la gripe.
> Tratamiento de los estados catarrales de las vías respiratorias altas. Rinitis alérgica. Fiebre del heno. Sinusitis aguda y crónica.
>
> **POSOLOGÍA**
> La dosificación media recomendada es la siguiente:
> Adultos: uno a dos comprimidos tres veces al día.
> Niños de 6 a 12 años: un comprimido tres veces al día.

7 Escucha la visita de tres pacientes al médico. Para cada diálogo apunta:

a los síntomas
b el diagnóstico del médico
c los consejos del médico
d si el paciente tiene que volver a ver al médico.

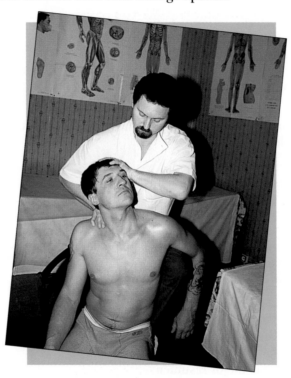

8 A Practica el diálogo siguiente con un compañero/una compañera.

Médico: ¿Qué le pasa?
Paciente: Me he caído mientras jugaba al fútbol.
Médico: ¿Dónde le duele?
Paciente: Me duele el pie.
Médico: Se ha torcido el tobillo.
Paciente: ¿Es grave?
Médico: No, pero tiene que descansar el pie tres días.
Paciente: ¿Tengo que volver a verle?
Médico: No es necesario.

B Imagina que tu amigo se ha caído mientras jugaba al fútbol. Él no habla español. Explica al médico lo que ha pasado, cambiando el diálogo de forma adecuada.

C Inventa más diálogos con un compañero/una compañera, cambiando el problema.

9 A Lee lo que dice Concha.

> Antes solía comer demasiados dulces. Estaba gorda y no estaba en forma.

> Entonces, decidí dejar de comer dulces y comer más fruta.

> Ahora estoy más delgada y estoy en forma.

B Escucha a estas tres personas (1–3) y lo que cada una hizo para estar en forma. Para cada persona apunta:

a Antes: lo que solía hacer
b La decisión: lo que decidió hacer para estar en forma
c Ahora: cómo está actualmente.

C Escribe tus propios ejemplos.

10 Lee las reglas de oro para mantener la línea y averigua si las frases son verdaderas o falsas:

1 Es mejor no comer por las mañanas.
2 A mediodía puedes comer cuanto quieras.
3 Es mejor comer poco por la noche y no acostarte en seguida.
4 Es mejor comer poco pero variado que mucho de lo mismo.
5 La dieta tiene que ser constante.
6 Es mejor no recurrir a modos artificiales para perder peso.
7 El pan no engorda mucho.
8 La monotonía en la dieta no es buena.

11 Lee este párrafo y elige el mejor resumen:

Se dice que...

En invierno hay que comer más

● Es cierto, aunque esto depende del metabolismo de cada uno, de su actividad, su peso, etcétera. Pero, en general, el organismo, para equilibrar las bajas temperaturas, aumenta en invierno las combustiones orgánicas, razón por la cual necesita algo más de energía que en verano.

a En invierno hay que comer más porque el cuerpo necesita más energía para resistir las temperaturas bajas.

b En invierno hay que comer más porque uno necesita ser más activo y tener más peso para resistir el frío.

c En invierno hay que comer más para tener energía también en el verano.

REGLAS DE ORO PARA MANTENER LA LINEA

1 Desayunar por la mañana y no saltarse esta toma tan importante en el equilibrio dietético.

2 Comer de una forma moderada a la hora del almuerzo y no repetir jamás.

3 Cenar ligeramente y no acostarte antes de una hora y media como mínimo.

4 A menos que estés siguiendo una dieta específica, normalmente, procura comer de todo pero en poca cantidad.

5 Seguir un plan de alimentación regularmente, es decir, no tener altibajos y ponerte a seguir una dieta drástica una semana para atiborrarte de todo a la siguiente.

6 Evita el uso de laxantes y diuréticos, puesto que crean hábito y además su abuso te puede llevar a no asimilar los nutrientes necesarios para el organismo.

7 Comer poco pan. Esta es una regla de oro.

8 Prepararte platos apetitosos con ensaladas y verduras variadas, sin caer en la monotonía de comer cada día lo mismo.

12 Lee este anuncio y contesta a las preguntas:

Para ellos que no paran un segundo.

Van a la escuela, hacen deporte, bailan, van y vienen. A veces no comen bien, o comen alimentos que no les proporcionan los nutrimentos necesarios para el rápido crecimiento y el desarrollo armónico de esta edad tan importante, que es el período de transición a la edad adulta.

Y para que su adolescencia y su edad adulta estén llenas de fuerza y energía, procure nutrirlos bien, con las suficientes proteínas, carbohidratos, vitaminas y minerales.

En las ocasiones en que no comen bien, deles un vaso de la super malteada COMPLAN mezclada con leche como desayuno o merienda.

COMPLAN es el alimento en polvo que contiene la combinación balanceada de los nutrimentos que ellos necesitan.

Y COMPLAN, en sus deliciosos sabores de chocolate, fresa y vainilla y su textura de malteada, les va a encantar.

1 ¿Para quién es especialmente adecuado este producto?
2 ¿Cuáles son las actividades que necesitan mucha energía?
3 ¿Cuáles son los cuatro ingredientes que proporcionan energía?
4 ¿Cuándo está indicado el consumo de este producto?
5 ¿Por qué es fácil de tomar y por qué encanta este producto?

13 Lee este artículo y contesta a las preguntas:

1 El mareo descrito en el artículo se siente:
   a después de haber comido demasiado
   b durante un viaje
   c haciendo un régimen.
2 Es más frecuente en:
   a las mujeres, los niños y los bébés
   b las mujeres y los niños
   c los niños y los bébés.
3 No hay una cura para este tipo de malestar. ¿Verdad o mentira?
4 Menciona tres maneras de viajar cuando se puede sufrir el mareo.
5 ¿Qué se puede hacer para evitar el mareo?
6 ¿Por qué el conductor de un coche no puede tomar los medicamentos contra el mareo?
7 Menciona dos cosas que convienen y dos cosas que no convienen durante el viaje.

Cinco preguntas sobre...

EL MAREO EN LOS VIAJES

1 ¿Cuáles son los síntomas?
Normalmente, se siente un malestar general, palidez, náuseas, vómitos, cefalea, sudor frío y pérdida de apetito. Es más frecuente en niños y en mujeres. No suele afectar a los lactantes. No es grave, aunque no se puede hacer mucho una vez que ya se sufre un trastorno de este tipo. Por eso, lo más efectivo es prevenirlo.

2 ¿Cómo se produce?
La sensación de movimiento percibida por la vista altera el sentido del equilibrio controlado por el oído interno. De esta forma, el balanceo de un barco, la turbulencia de un vuelo, las vueltas de un tíovivo y el paso rápido de los objetos a través de las ventanas de un coche o un tren pueden provocar el típico mareo de los viajes.

3 ¿Cómo se puede prevenir?
Lo más conveniente es tomar una medicina contra el mareo media hora o una hora antes de iniciar el viaje.

4 ¿Hay contraindicaciones?
Los medicamentos suelen provocar somnolencia, por lo que no se debe conducir. En el caso de los niños, aténgase a las indicaciones del prospecto. Hay que evitar el alcohol y procurar fijar la vista sobre objetos distantes que no estén en movimiento. No conviene leer ni viajar con el estómago vacío.

5 ¿Existe algún truco casero contra el mareo?
Se pueden colocar unas hojas de laurel en la bandeja trasera del coche, evitar el olor a tabaco o parar cada cierto tiempo para tomar el aire.

14 **A** Escucha un relato de un accidente de carretera y apunta el orden correcto de los dibujos (a–h).

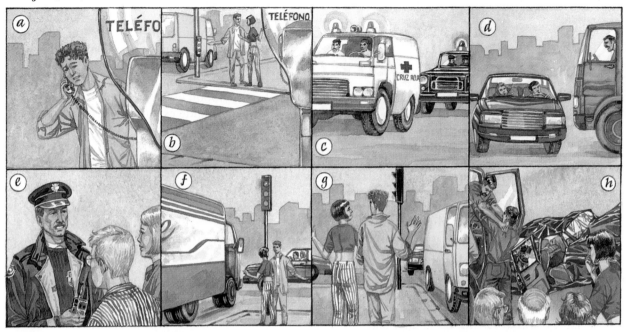

 B Escucha otra vez y, con la ayuda de la cinta y de los dibujos, escribe un resumen de lo que pasó.

C Cuenta el accidente a un compañero/una compañera.

15 Cuenta la historia de un accidente de esquí que tuviste el año pasado.

A Sustituye los infinitivos con el verbo en la forma adecuada:

bajar la pista demasiado de prisa
perder el control
llegar a la estación de esquí por la noche
cenar en el hotel
acostarse temprano
levantarse temprano
ir a la pista de esquí temprano
llevar al hospital en ambulancia
tener el brazo roto
poner una escayola
por la tarde intentar una pista más difícil
caerse en la nieve
chocar contra un árbol
subir y bajar la pista toda la mañana
haber mucha nieve
recibir la ayuda de los amigos
llamar ambulancia

| recibí | cené | había | llegué | llamaron | perdí | intenté | me acosté | bajé | me levanté |
| choqué | bajé | fui | tenía | (me) pusieron | (me) llevaron | me caí | subí. |

B Pon las frases en orden para contar la historia. Añade más detalles.

Práctica

Uso de *ser* y *estar*

Uso de *por* y *para*

Uso de las preposiciones

1 Elige la forma adecuada de *ser* o *estar*.

1 Yo todavía (soy/estoy) estudiante.
2 Mi padre (es/está) empleado de oficina.
3 (Soy/Estoy) enfermo.
4 (Soy/Estoy) triste.
5 (Somos/Estamos) mucho mejor, gracias.
6 Mi padre (es/está) un hombre valiente pero ahora (es/está) un poco deprimido.
7 Mi abuela ya (es/está) mayor pero todavía (es/está) en forma.
8 (Soy/Estoy) bastante energético pero reconozco que ahora (soy/estoy) cansado.
9 Mis padres (son/están) bien aunque (son/están) preocupados.
10 Mis tíos (son/están) muy ricos porque tienen mucho dinero.
11 Mi tía siempre prepara comidas que (son/están) muy ricas.
12 Mi madre (es/está) enfadada porque ha perdido un anillo. El anillo (es/está) de oro.
13 La casa donde vivo (es/está) en el centro de la ciudad.
14 Madrid (es/está) muy lejos de Barcelona.
15 Mi dormitorio (es/está) muy pequeño y siempre (es/está) desordenado.
16 El parque de atracciones (es/está) un poco lejos pero (es/está) muy divertido.
17 ¡(Eres/Estás) un poco difícil! Siempre (eres/estás) de mal humor.
18 Si (sois/estáis) de acuerdo, vamos a la piscina. (Es/Está) cerca de aquí.
19 El profesor (es/está) muy simpático y normalmente (es/está) de buen humor.
20 Las clases (son/están) aburridas porque el profesor (es/está) muy aburrido.

2 Elige *por* o *para*.

1 ¿Por/Para quién es este regalo?
2 ¿Por/Para qué quieres tanto dinero?
3 Quiero el dinero por/para poder comprarme un coche.
4 Vamos a España por/para tres días.
5 Vamos a viajar por/para todo el país.
6 Quiero visitar Madrid porque me intereso por/para los museos.
7 Voy a llamar por/para teléfono a mi amiga.
8 Muchas gracias por/para el regalo.
9 Pagué mil pesetas por/para este libro.
10 Lo compré por/para mi hermano.

3 Elige la preposición adecuada.

1 Hoy he escrito una carta (en/a) mi amigo por correspondencia.
2 Voy a llamar por teléfono (en/a) mi familia.
3 ¿Estás (en/a) casa esta tarde?
4 Este año vamos de vacaciones (a/en) España.
5 Vamos a viajar (a/en) avión.
6 Los platos están (en/detrás de) el armario.
7 Mis zapatos están (en/debajo de) la cama.
8 Te veo luego (encima/enfrente) del cine.
9 Aprendo español (desde/hasta) hace cuatro años.
10 Estuvimos en España (desde/hasta) el día seis (desde/hasta) el día quince.

Vocabulario

el cuerpo	*the body*
la boca	*mouth*
el brazo	*arm*
la cabeza	*head*
el codo	*elbow*
el cuello	*neck*
el dedo	*finger, toe*
el diente	*tooth*
la espalda	*back*
el estómago	*stomach*
el hombro	*shoulder*
la garganta	*throat*
la muela	*tooth*
la muñeca	*wrist*
la nariz	*nose*
el oído	*ear*
el ojo	*eye*
la oreja	*ear*
el pie	*foot*
la pierna	*leg*
la rodilla	*knee*
el tobillo	*ankle*

la farmacia	*the chemist's*
el analgésico	*painkiller*
el antiséptico	*antiseptic*
la aspirina	*aspirin*
el comprimido	*pill*
la crema	*cream*
la escayola	*plaster*
el/la farmacéutico/a	*chemist*
el jarabe	*syrup*
el medicamento	*medicine*
la pastilla	*tablet*
la pomada	*ointment*
la receta médica	*prescription*
la tirita	*plaster*
la venda	*bandage*

los problemas de salud	*health problems*
un constipado	*cold*
un dolor	*pain*
una gripe	*flu*
una herida	*wound*
una quemadura	*burn*

Estoy constipado/a.	*I've got a cold.*
Me duele la cabeza.	*I've got a headache.*
Me duelen los dientes.	*I've got toothache.*
No me siento bien.	*I don't feel well.*
¿Tiene algo para ...?	*Do you have anything for ...?*
Tengo dolor de estómago.	*I've got stomach-ache.*

los accidentes	*accidents*
el cruce	*crossroads*
el peatón	*pedestrian*
el semáforo	*traffic lights*

caerse	*to fall*
chocar con	*to hit, to crash into*
cortarse	*to cut*
cruzar	*to cross*
dar contra	*to hit (against)*
doler	*to hurt*
ir a toda velocidad	*to go at top speed*
llamar al médico	*to call a doctor*
llamar una ambulancia	*to call an ambulance*
parar	*to stop*
quemarse	*to burn*
resbalar	*to slip*
romperse	*to break*
saltarse un semáforo en rojo	*to go through red traffic lights*
torcerse	*to sprain*

Los servicios públicos

1 Une las frases siguientes con los dibujos (a–f):

1 ¿Puede comprobar el aceite, por favor?
2 ¿Puede comprobar los neumáticos, por favor?
3 ¿Puede comprobar el agua, por favor?
4 Póngame veinte litros de súper, por favor.
5 Póngame treinta litros de gasolina sin plomo, por favor.
6 Llene el depósito de gasoil, por favor.

2 Estás en una estación de servicio.
Escucha a cuatro clientes (1–4) y apunta:

a qué tipo de gasolina necesitan
b cuánta gasolina necesitan
c un servicio que piden.

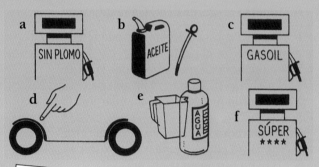

3 **A** Haz el diálogo siguiente con un compañero/una compañera.

Cliente: Buenos días. Póngame <u>cuarenta</u> litros de <u>gasolina sin plomo</u>, por favor.
Dependiente: Muy bien. Son <u>quince</u> euros.
Cliente: ¿Puede comprobar <u>el aceite</u>, por favor?
Dependiente: Necesita <u>un litro</u> de aceite.
Cliente: ¿Venden <u>comida y bebidas</u>?
Dependiente: Sí. En el quiosco.

B Haz más dialogos cambiando los detalles subrayados.

4 **A** Cuando tienes problemas con el coche, puedes llamar a un taller desde la carretera.
Escucha estas tres llamadas por teléfono (1–3) e indica el resumen adecuado:

a El conductor llama al taller porque se ha quedado sin gasolina.
b El conductor llama al taller porque tiene un pinchazo.
c El conductor llama al taller porque no le arranca el coche.

B Escucha otra vez y contesta a estas preguntas:

a ¿Dónde está averiado el coche?
b ¿Cómo es el coche?
c ¿Cuánto tiempo tiene que esperar al servicio de reparación?

5 Escucha las preguntas de cuatro clientes (1–4) en Correos de Madrid. Une el servicio, el destino y la tarifa.

Servicio	Destino	Tarifa
Una carta	Gran Bretaña	2 euros
Un telegrama	Málaga	0,25 euros
Una postal	Francia	3 euros
Un paquete	Barcelona	0,15 euros

6 **A** Une las preguntas con las respuestas:

1 ¿Cuánto cuesta mandar este paquete a Inglaterra?
2 ¿Qué hay en el paquete?
3 ¿A qué hora cierra Correos por la tarde?
4 ¿La oficina de Correos está abierta el sábado?
5 ¿Qué sello necesito para mandar una carta a Gran Bretaña?
6 ¿Cuánto tiempo tarda en llegar la carta?
7 Y ¿cuánto cuesta mandar una postal a Escocia?
8 ¿Hay un buzón en la oficina?
9 ¿Hay que rellenar alguna ficha?

a Está abierta los sábados por las mañanas.
b Sí, tiene que rellenar esta ficha y firmar.
c Son 3 euros, por favor.
d Tarda cuatro días más o menos.
e Hay uno delante del edificio.
f Un libro. Es un regalo.
g Cerramos a las ocho de la tarde.
h Necesita un sello de 0,30 euros.
i Son 0,25 euros.

B Haz diálogos en Correos con un compañero/una compañera, usando las frases anteriores.

> Try to vary dialogues by changing the details. The more you practise, the easier it is to remember.

7 Mira la ficha para mandar un telegrama y averigua si las frases siguientes son verdaderas o falsas:

1 La oficina de Correos tiene que rellenar los recuadros en tinta roja.
2 Tienes que escribir tus señas en la parte de arriba.
3 Tienes que escribir el texto con letras minúsculas.

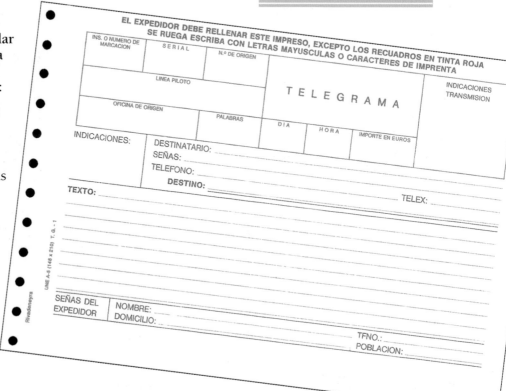

8 Mira la ficha y contesta a las preguntas:

1 ¿Dónde puedes encontrar esta ficha?
   a en Correos
   b en una tienda
   c en un banco.

2 ¿Para qué sirve esta ficha?
   a para abrir una cuenta
   b para pedir un libro de cheques
   c para cambiar dinero.

3 ¿Cuánto vale una Libra Esterlina en euros?
   a 680,00 euros
   b 1,58 euros
   c 1079,37 euros.

4 ¿Cuál es el porcentaje de comisión?
   a 1%
   b 5%
   c 1,362%.

5 ¿Cómo cambia dinero este cliente?
   a con un cheque de viajes
   b con billetes
   c con un Eurocheque.

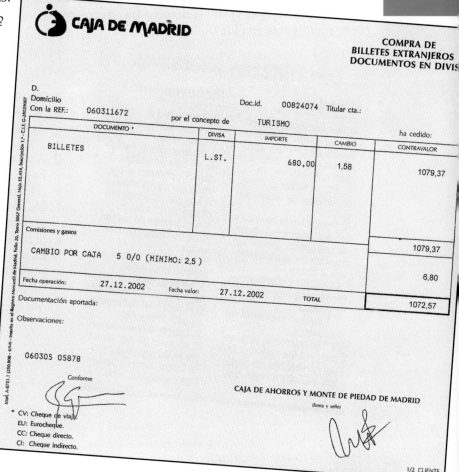

9 A Une las preguntas con las respuestas para hacer un diálogo en un banco:

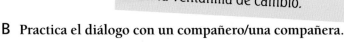

1 ¿Dónde puedo cambiar libras en euros?
2 ¿Cuánto vale la Libra Esterlina?
3 Buenos días, ¿qué desea?
4 ¿Tengo que rellenar una ficha?
5 ¿Dónde tengo que firmar?
6 ¿Tengo que pagar comisión?
7 ¿Tiene algún documento de identidad?
8 ¿Cómo quiere el dinero?

a No hace falta.
b Tengo el pasaporte.
c Quiero billetes de 5 euros.
d Una Libra vale 1,55 euros.
e Quiero cambiar cheques de viaje en euros.
f Firme aquí, por favor.
g Sí, hay un porcentaje de comisión.
h En la ventanilla de cambio.

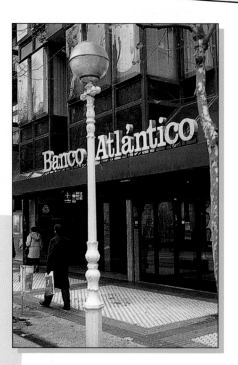

B Practica el diálogo con un compañero/una compañera.

10 Lee la lista de ventajas y de inconvenientes de las tarjetas de crédito. Luego lee las frases siguientes y averigua si son ventajas o inconvenientes. Indica los números correspondientes en el texto.

Las tarjetas a examen

Ventajas

1. Son cómodas y prácticas para viajar y comprar.
2. Las de cliente y algunas de las de débito son gratuitas.
3. Evitan llevar grandes cantidades de dinero encima.
4. Posibilitan la compra a crédito y pagar más tarde.
5. Los comerciantes aumentan ventas y aseguran el cobro.
6. Posibilitan atender con comodidad gastos imprevistos.
7. Facilitan el control de los gastos.
8. Tienen ofertas exclusivas para los titulares: vales canjeables por regalos, seguros de vida, descuentos en hoteles, etc.

Inconvenientes

1. Fomentan el consumo y pueden llevar al endeudamiento.
2. Da una sensación falsa de que no gastas dinero. Cuando es al contrario (suma intereses).
3. Los plazos de los créditos son rigurosos.
4. Los interés de las tarjetas de cliente son elevados.
5. Son inseguras si se pierden o las roban.
6. En caso de error en el cajero es difícil reclamar si el personal del banco no está presente.
7. Los contratos incluyen la mayoría de las veces cláusulas abusivas.
8. La de compra tienen una cuota muy alta.

Ejemplo: ***Puedo comprar algo ahora y pagarlo más tarde.***
Ventaja (4)

a ¡Parece que no gasto nada!
b Si pago la cuenta con la tarjeta, me hacen un descuento.
c ¡No sabía que había gastado tanto!
d Ahora mismo no tengo dinero pero con la tarjeta no hay problema.
e ¡No encuentro mi cartera con la tarjeta!
f No sé cuánto dinero vamos a necesitar esta noche pero voy a coger mi tarjeta.
g Si resulta que hay un error no es fácil solucionarlo.
h Es fácil comprar con la tarjeta pero luego tienes problemas si no puedes pagar.

11 Mira la tarjeta (Teléfonos de interés) y decide a qué número vas a llamar en las situaciones siguientes:

a Quieres saber a qué hora sale tu vuelo para Inglaterra.
b Necesitas transporte rápido para llegar a tiempo a una cita.
c Eres testigo de un robo en el metro de Madrid.
d Eres testigo de un accidente de carretera y dos personas están heridas.
e Huele a humo en el hotel donde estás.
f Te interesa la arqueología y quieres saber hasta qué hora está abierto el museo.
g Necesitas información sobre el horario y los precios de los trenes.
h Quieres saber cuánto cuesta dejar tus maletas en la estación.

TELÉFONOS DE INTERÉS

Protección Civil   537 17 00

Policía   537 31 00
Policía Municipal   091
Guardia Civil   092
Bomberos   062 - 533 11 00
Seguridad Social   080
Cruz Roja   409 55 30
Ambulancias Municipales   522 22 22
                          588 44 00
Información al ciudadano
                          010
Aeropuerto de Barajas

Iberia   205 83 43
Renfe   411 25 45
                          429 05 18

ESTACIÓN DE ATOCHA
Atención al cliente   530 50 36

Comisaría de Policía

Consignas   527 46 27
                          527 88 92

TAXIS
Radio-Taxis Asociación Gremial
                          593 06 86
Radio-Teléfono Taxi   547 82 00
Tele-Taxi   499 90 08
Radio-Taxi Independiente
                          405 12 13

MUSEOS
Fundación Colección Thyssen-Bornemisza
                          420 39 44
                          369 00 82
Museo Arqueológico Nacional
                          431 68 40
Museo América   549 17 95
Museo del Prado   522 25 88

12 Escucha tres diálogos (1–3) en la oficina de objetos perdidos y corrige los detalles:

1 Perdió una tarjeta de crédito de piel negra ayer por la mañana en la estación.
2 Perdió un paraguas blanco y rojo esta mañana en el tren.
3 Perdió una bolsa de piel hace una hora en el Corte Inglés.

13 **A** Estás en la oficina de objetos perdidos. Une las preguntas con las respuestas y practica el diálogo con un compañero/una compañera.

1 Buenos días, ¿qué desea?
2 ¿Cómo es?
3 ¿Qué contenía?
4 ¿Cuándo y dónde la perdió?

a Cinco mil pesetas y una tarjeta de crédito.
b He perdido mi cartera.
c Ayer por la tarde en el autobús.
d Es bastante pequeña, negra y de piel.

B Practica más diálogos con un compañero/una compañera, sustituyendo los objetos perdidos.

14 **A** Lee las declaraciones siguientes y apunta:

a el objeto perdido
b la descripción
c dónde y cuándo fue perdido.

Muy señor(a) mío/a:

Le escribo para declarar la pérdida de una maleta. La perdí el día 27 en la estación de Atocha, delante del despacho de billetes. La maleta es negra, bastante grande, y de cuero. Contenía ropa, un reloj, y un anillo de oro. También contenía unos documentos importantes.

Le ruego me lo comunique si la encuentra.

Muy señor/a mío/a:

Le escribo para declarar la pérdida de un juego de ordenador. Lo dejé en el tren el día 13. Era el AVE Madrid a Sevilla de las 7:23. Estaba en el coche número 4 para no fumadores. Estaba en el asiento número 22.

Le ruego me lo comunique si lo encuentra.

B Escribe una carta para declarar la pérdida de un objeto (por ejemplo, una máquina, unos cheques de viaje). Incluye cuándo y dónde lo perdiste, y cómo es.

15 A Lee esta carta de reclamación.

> **Muy señores míos:**
>
> **Les escribo para denunciar** el mal funcionamiento de la lavadora que compré hace una semana en su tienda del centro. **El problema es que** la lavadora se apaga sin terminar el programa de lavado. Volví a la tienda para reclamar, pero el dependiente me dijo que era una cuestión de llamar a un técnico y que la tienda no se responsabiliza.
>
> **Les ruego solucionen el problema** puesto que la lavadora tiene una garantía de un año. **Si no encuentran una solución me veré obligado a dirigirme a la asociación de consumidores.**
>
> **A la espera de sus noticias les saluda atentamente,**
>
> M. Solana García

Learn the key phrases underlined in the text.

B Escribe una carta de reclamación, usando las frases subrayadas pero cambiando la situación.

16 A Lee esta postal de tu amiga por correspondencia española que acaba de pasar unos días en la capital, Madrid.

> ¡Hola!
>
> ¡Si supieras lo fatal que lo paso aquí en Madrid! Ayer hice un largo viaje en metro y en autobús para encontrar un museo y resulta que estaba cerrado. Luego me robaron la cartera en el metro y tuve que poner una denuncia en la comisaría. Estaba muy deprimida. Espero mandarte otra postal con mejores noticias mañana.
>
> Un abrazo,
>
> Concha.

B Escribe una carta a tu amigo/a por correspondencia contándole también una pésima excursión a una gran ciudad.

Une las frases con el verbo adecuado y después utiliza las ideas para escribir la carta.

1	pérdida de los billetes de metro	a	(volví...)
2	tener que comprar otros	b	(me perdí...)
3	robo de la cartera en el metro	c	(me equivoqué de...)
4	denuncia en la comisaría	d	(tuve que pedir...)
5	largo viaje para encontrar un museo	e	(estaba...)
6	cerrado	f	(hice...)
7	vuelta al centro en autobús	g	(perdí...)
8	número equivocado de autobús	h	(me robaron...)
9	perdido en las afueras	i	(tuve que comprar...)
10	pedir ayuda	j	(tuve que hacer...)

Make sure you use the correct tense for your account (preterite or imperfect).

Práctica

Uso del pasado perfecto

Uso de los pronombres

1 Pon la forma adecuada del verbo auxiliar *haber*.

1 ¿Dónde _____ ido todos?
2 Mis padres _____ ido al restaurante.
3 Mi hermana _____ ido al cine.
4 Y tú, ¿por qué no _____ ido con ella?
5 Ya _____ visto la película.
6 Mis amigos y yo _____ alquilado un vídeo.

2 Pon la forma adecuada del pasado perfecto.

1 ¿(Ver) algo que quieres comprar?
2 Sí, (ver) una chaqueta muy mona.
3 ¿Y la (comprar)?
4 No (poder) comprar nada.
5 ¿Y por qué no? ¿Te (olvidar) el dinero en casa?
6 No, (perder) la cartera.
7 Pero, ¿la (buscar) en todas partes?
8 Sí, quizá la (dejar) en el autobús.
9 O quizá la (robar).
10 Bueno, ya (ir) a la oficina de los objetos perdidos.

3 Pon la forma adecuada del pasado perfecto o del pasado pretérito.

1 ¿(Ver) la última película de Fernando Trueba?
2 No, pero ayer (ver) una película muy buena en la tele.
3 ¿(Comprar) los zapatos ayer?
4 Sí, y hoy (comprar) la camiseta.
5 ¿(Terminar) el libro?
6 Ya lo (terminar) anoche.
7 ¿(Hacer) algo interesante hoy?
8 No pero ayer (hacer) una excursión muy divertida.
9 ¿No te gusta el pescado? ¿Lo (probar)?
10 Lo (probar) hace años.

4 Pon el pronombre del objeto directo adecuado *(lo/la/los/las)*.

1 ¿Has visto la película de Almodóvar? Sí, ___ vi hace unas semanas.
2 ¿Dónde está el paraguas? ___ he dejado en el autobús.
3 ¿Por qué no tienes las llaves? ___ perdí ayer.
4 ___ que más me gustan son los coches deportivos.
5 No encuentro mi cartera. No ___ veo en ninguna parte.

5 Pon el pronombre del objeto indirecto adecuado *(me/te/le/les)*.

1 ¿Compraste un regalo para tus padres? Sí, ___ di un cuadro.
2 ¿El profesor sabe por qué no hiciste los deberes? Sí, ___ hablé ayer.
3 Mi novio ___ mandó una carta muy bonita.
4 Mis padres ___ dieron a mi hermano un regalo muy interesante.
5 ___ escribí a mis padres al menos tres veces.

Vocabulario

la gasolinera — *the garage*

el aceite	*oil*
el agua	*water*
el coche	*car*
el gasoil	*diesel*
la gasolina sin plomo	*lead-free petrol*
la gasolina súper	*four-star petrol*
el neumático	*tyre*
el parabrisas	*windscreen*
un pinchazo	*flat tyre*
arrancar	*to start (an engine)*
comprobar	*to check*
funcionar	*to work*
quedarse sin gasolina	*to run out of petrol*

Correos — *the post office*

una carta	*letter*
un paquete	*parcel*
una postal	*postcard*
un sello	*stamp*
un sobre	*envelope*
un telegrama	*telegram*
enviar	*to send*
llegar	*to arrive*
mandar	*to send*
pagar	*to pay*
recibir	*to receive*
rellenar	*to fill in*
tardar	*to take*

el banco — *the bank*

un billete	*note*
el cambio	*rate of exchange*
un cheque	*cheque*
un cheque de viaje	*traveller's cheque*
la comisión	*commission*
una ficha	*form*
la libra esterlina	*pound sterling*
la moneda	*currency*
el euro	*euro*
el céntimo	*cent*
una tarjeta de crédito	*credit card*
la ventanilla	*counter*
cambiar	*to change*
comprar	*to buy*
firmar	*to sign*
hacer cola	*to queue*
valer	*to be worth*

la oficina de objetos perdidos — *lost property office*

buscar	*to look for*
contener	*to contain*
dejar	*to leave*
encontrar	*to find*
perder	*to lose*
robar	*to steal*

Una mirada al mundo 12

1 Lee los comentarios de estos jóvenes sobre la lengua española.

Yves Rocher

Soy francés y llevo cuatro años estudiando español. Debo decir que me resulta bastante fácil puesto que se parece un poco al francés. En los institutos franceses es obligatorio estudiar dos idiomas extranjeros que suelen ser el inglés y el español. Reconozco que prefiero el español aunque no sé si me va a servir en la vida.

Sarah Jenkins

Soy estadounidense y dado el número de hispanohablantes en mi país considero importante aprender español. Después de diez años hablo con fluidez puesto que también he tenido muchas oportunidades para practicarlo. Ahora me gustaría hacer un viaje a España.

Antonio Vanoni

Soy italiano y estoy aprendiendo español desde hace cinco años. Desde hace unos años los italianos han empezado a hacer turismo en España y por eso hay muchas oportunidades para aprender español. Yo también visito España todos los años. El conocimiento del idioma me permite disfrutar más de mis vacaciones.

Karen Hesse

Soy alemana y trabajo en una compañía que acaba de establecer relaciones comerciales con empresas similares españolas. El año pasado me propusieron hacer un curso intensivo de español y esto me ha abierto muchas puertas en mi carrera profesional. Pienso seguir estudiándolo a nivel avanzado.

A Contesta a las preguntas:

1 ¿Quién decidió aprender español por razones culturales?
2 ¿Quién empezó a aprender español por razones profesionales?
3 ¿Quién está aprendiendo español como parte de sus estudios?
4 ¿A quién le interesa aprender español por placer?

B Prepara las respuestas a las preguntas siguientes:

1 ¿Cuánto tiempo llevas estudiando español?
2 ¿Por qué estás aprendiendo español?
3 ¿Cuánto tiempo piensas seguir estudiándolo?
4 ¿Por qué es importante conocer un idioma extranjero?

C Utilizando tus respuestas, escribe un párrafo parecido a los anteriores explicando tu situación y tu punto de vista sobre los idiomas.

2 Escucha la opinión sobre la nueva Europa de un profesor, un dentista, una ama de casa, un parado y una estudiante.

A Decide quién habla (1–5).

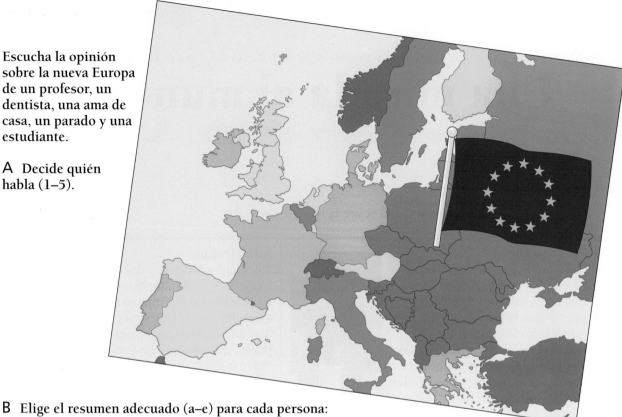

B Elige el resumen adecuado (a–e) para cada persona:

a Es necesario aprender más idiomas para tener más oportunidades.
b Los mismos problemas existen en toda Europa así que no mejora la situación.
c Hay que preparar a los jóvenes para enfrentarse a la vida no sólo en España sino también en el contexto europeo.
d El cuidado sanitario tiene que ponerse de acuerdo en todos los países europeos.
e Hay más elección en cuanto a los productos disponibles en las tiendas debido a los artículos importados.

C Escucha varias veces la cinta y escribe un resumen más completo de lo que dice cada persona.

3 A Escucha los cuatro anuncios publicitarios (1–4) en la radio y decide qué producto corresponde a cada anuncio (a–d).

a Palmolive   c Kas
b Multilengua   d El Corte Inglés

B Escucha otra vez y decide lo que se ofrece exactamente en cada anuncio (1–4).

a Un jabón   d Un perfume
b Un curso de idiomas   e Una bebida
c Un reloj   f Un detergente.

C Escucha otra vez. ¿Por qué deberíamos comprar los productos (1–4)? Elige la buena frase (a o b) para cada producto.

1 a) Las burbujas te dan energía.
   b) Te refresca y te da energía.

2 a) No deja tus manos resecas.
   b) Quita la grasa de las manos.

3 a) Son de oro.
   b) Son divertidos pero baratos.

4 a) Puedes aprender cuatro idiomas a la vez.
   b) Te permite aprender el idioma del país que quieres visitar.

> In true/false questions, when you have a choice of answer, the wrong answer often contains words that you may have heard. Be careful to identify the meaning as well as the sounds.

4 A Mira esta colección de revistas españolas. ¿Qué tipo de revista puedes identificar?

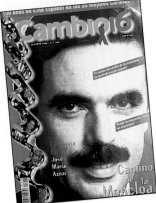

a revista de actualidad
b revista de información televisiva
c revista automovilística
d revista de moda masculina
e revista de moda femenina
f revista femenina
g revista de divulgación científica
h revista musical
i revista culinaria
j revista deportiva

B Mira los comentarios siguientes. ¿A qué tipo de revista (a–j) corresponden?

1 Me gustan estas revistas porque me informan sobre lo que pasa en el mundo de manera interesante.
2 Me interesan estas revistas porque despiertan mi curiosidad y me fascinan los descubrimientos.
3 Las revistas que más me interesan son las que hablan de la vida de la mujer de hoy en día.
4 Prefiero las revistas que se refieren a mis pasatiempos. A mí me encanta cocinar.

C ¿Y a ti? ¿Qué tipo de revista te gusta leer? ¿Por qué? Practica la conversación con un compañero/una compañera.

D Escribe una breve carta a tu amigo/a por correspondencia pidiéndole que te mande algunas revistas españolas para ayudarte con tus estudios del idioma. Explícale qué tipo de revistas te gustan.

5 Lee esta crítica.

1 ¿Cuál es el tema de los libros mencionados?
2 ¿De qué hablan?
3 ¿Por qué el *Anuario* parece ser mejor que *Un año de rock*?

Con muchas notas

Porque resumen las noticias más importantes en el campo musical durante el pasado año, y anuncian futuros trabajos de músicos y grupos. Tanto el *Anuario* de El País- Aguilar, como el de *Un año de rock* son válidos, aunque el primero es más generoso en las páginas en color.

6 Lee este artículo de una revista científica.
Contesta a las preguntas para hacer un resumen del artículo.

1 ¿Cuál es el título del artículo?
2 ¿De qué trata?
3 ¿Qué es el código de barras?
4 ¿Cuántas ventajas tiene este sistema?
5 Menciona dos de las ventajas.
6 ¿Cuántos números tiene el código?
7 ¿Cuál es la función de los dos últimos números?
8 ¿Qué significa si el número de control no coincide con el número efectuado por la caja?

¿Cómo se descifra el código de barras?

Remitida por Miguel Angel Mata R.

El código de barras es un método de codificación que permite la identificación casi instantánea de todo tipo de productos mediante un lector especial conectado a una caja registradora informatizada.

Las ventajas de este sistema son varias: por un lado permite a los fabricantes, distribuidores y detallistas mantener un control pormenorizado de los movimientos de sus mercancías y por otro evitar errores de cobro e inútiles esperas del cliente ante la caja, proporcionándole además un detallado listado de sus compras. El código de barras consta de catorce números sobre los cuales figura su correspondiente transcripción en forma de barras. Los dos primeros dígitos representan la asociación que asigna los códigos a las empresas fabricantes y distribuidoras.

Las cinco posiciones que siguen a la clave de país corresponden al código asignado a la empresa, mientras las cinco siguientes están reservadas para designar el producto concreto, numerado por el propio fabricante o distribuidor. Los últimos dígitos son una cifra de control, que resulta de aplicar un algoritmo matemático a los otros doce dígitos.

Si en el proceso de lectura del código de barras el número de control no coincide con el resultado de las operaciones indicadas por el algoritmo -que la caja registradora efectúa casi de forma instantánea-, esto significa que se ha producido un error y el sistema pide una nueva lectura.

El código de barras es un excelente instrumento de control comercial que ha acortado la espera en las molestas filas que se hacen al ir de compras a los grandes almacenes.

Only look up key words that you don't know.

7 **A** Lee el reportaje y contesta a las preguntas:

1 ¿Dónde se produce el tipo de actividad criminal mencionado en el artículo?
   a en la calle   **b** en las casas   **c** en los autobuses   **d** en las playas.
2 ¿En qué meses suele aumentar la criminalidad?
   a enero – marzo   **b** octubre – diciembre   **c** abril – junio   **d** julio – septiembre.
3 ¿Dónde estaban las tres familias cuando tuvieron lugar los robos?
4 ¿Qué usaron los ladrones para entrar en los pisos?
5 ¿Cuáles de los objetos robados tenían más valor?
6 ¿Por qué los vecinos no vieron nada?

B El verano pasado alquilaste un apartamento en la playa con tu familia. Desgraciadamente hubo un robo. Tienes que denunciar el robo a la policía. Completa el diálogo.

Policía: ¿Cuándo tuvo lugar el robo?
Tú:
Policía: ¿Dónde estaban Vds en ese momento?
Tú:
Policía: ¿Por dónde entraron los ladrones en el piso?
Tú:
Policía ¿Qué robaron?
Tú:
Policía: ¿Hubo testigos?
Tú:

Según fuentes de la policía se ha notado un marcado aumento de las actividades criminales en las afueras de la ciudad durante los últimos meses. Aunque la temporada veraniega suele producir una ola de robos debido a la ausencia de muchas familias que disfrutan de sus vacaciones fuera de la gran ciudad, la policía anuncia que las llamadas recibidas por robo se han doblado comparado con la misma temporada del año pasado.

Ayer han sido víctimas tres familias del mismo edificio en el barrio de Las Delicias en Madrid. Por lo visto los ladrones habían notado la ausencia de las familias y entre las tres y las cuatro de la tarde entraron en los pisos por las puertas de entrada. Rompieron las cerraduras con material especializado. Los ladrones robaron joyas y electrodomésticos, así como televisores y vídeos. Se llevaron los artículos robados en una furgoneta que estaba aparcada detrás del edificio.

A la hora del robo los vecinos estaban comiendo y viendo la tele, así que nadie vio lo que pasó. La policía dice que en estos casos resulta casi imposible recuperar los artículos robados.

8 Lee esta crítica de libros recién aparecidos en las librerías y contesta a las preguntas.

■ Libros

Rompecabezas

Novelas y cuentos de intriga romántica o terrorífica. Lecturas muy amenas para tardes aburridas.

Variadas y entretenidas obras para disfrutar leyendo.

El entretenimiento exprés, y bien escrito además. Para la siesta, si puedes permitírtela, o las mañanas del sábado. Las obras literarias, déjalas para la noche. Momentos antes de descansar la cabeza en la almohada, su contenido, ideas, y sentimientos llegarán mejor hasta ti.

Puedes empezar por *Conversación criminal* (Plaza & Janes) de Evan Hunter, seudónimo del escritor Salvatore Lombino, nombre más apropiado para un libro lleno de mafias. Una mujer conoce a un hombre y se enamora de él. Este hombre es en realidad un peligroso delincuente al que su marido conoce luego por motivos profesionales. Erotismo, asesinatos... 398 páginas de tensión.

Más o menos las que necesita Barbara Woods para contar la tierna trama de *Constantes vitales* (Grijalbo), sobre tres amigas de la infancia que ejercen la medicina de forma diferente.

En la misma línea romántica, *La princesa que no sabía reír* (Anaya) es un libro con ilustraciones maravillosas, apropiado también para leérselo a los niños de la casa. Cuenta la historia de un rey preocupado por la timidez de su heredera. Como es de imaginar, lleva príncipe incluido.

Tom Clancy hace encaje de bolillos con temas de actualidad, y en *Deuda de honor* (Planeta) no defrauda. Su héroe Jack Ryan (Harrison Ford en las películas) se enfrenta ahora con un complot para romper el equilibrio internacional.

Por último, en *Un asunto delicado* (Ed.B.), April Smith lleva la intriga a la oficina.

1 ¿Cuándo se recomienda leer los cinco libros?
2 ¿Cómo se llama en realidad el escritor Evan Hunter?
3 ¿Qué tipo de novela es *Conversación criminal*?
4 ¿Cuántos personajes principales hay en *Constantes vitales*?
5 ¿Para quién es adecuado el libro *La princesa que no sabía reír*?
6 ¿Cómo es el carácter de la princesa?
7 ¿Cómo se llama el libro del cual hicieron una película?
8 ¿Dónde tiene lugar la historia de April Smith?

B Escribe una carta a un(a) amigo/a español(a) donde recomiendas un libro que has leído recientemente. Utiliza las frases siguientes para ayudarte.

EL LIBRO
El libro se llamaba...
El autor se llamaba...
El tema principal era...
Era la historia de....
Contenía más de ...
páginas

MI OPINIÓN
En mi opinión...
A mi parecer...
El libro está bien escrito

El libro es muy entretenido
Es muy cómico...
El tema del libro me fascina porque...
El autor nos hace pensar...
reír...
El personaje principal...
Deberían hacer una película del libro porque...
Ya existe una película del libro. También es...

A Escucha las noticias de la radio y apunta cuáles de los temas siguientes vienen mencionados:

1 Caza prohibida de animales

2 **Una visita real**

3 Un atentado terrorista

4 **NUEVAS NORMAS EN LOS COLEGIOS**

5 **Una decisión del gobierno**

6 **La ceremonia de los Óscares**

7 **El consumo de alcohol**

8 **PROBLEMAS DE TRÁFICO**

9 Los precios de la gasolina

10 Desubrimiento de oro en Canadá

B Escucha otra vez las noticias de la radio y pon en orden los títulos principales:

a El rey Juan Carlos y la reina Sofía terminan hoy su viaje oficial a Italia
b Tragedia en Madrid; un coche bomba mata a un policía
c El gobierno decide abandonar la propuesta ley de impuestos sobre libros y discos
d Los jóvenes y el alcohol: ¿por qué beben más que nunca?
e La última película de Fernando Trueba premiada en los Óscares
f El conducir deja de ser un placer: subida de los precios de gasolina a partir de mañana

C Escucha otra vez la primera parte de las noticias y contesta a las preguntas:

1 ¿En qué parte de Madrid tuvo lugar la explosión?
2 ¿A qué hora?
3 ¿Qué hacía el policía cuándo se produjo la explosión?
4 ¿Cuánto tiempo después de ser transportado al hospital murió?

> In the exam, you can only listen twice but at this stage, listen as many times as you need to.

10 Imagina que ha habido una serie de robos en el vecindario donde vives. Tu amigo/a por correspondencia se interesa por los detalles. Contesta a sus preguntas en una carta.

...¡Qué disgusto me ha dado tu noticia! Me gustaría mucho saber más detalles sobre lo que ha pasado. ¿Cómo era tu vecindario antes de los robos? ¿Dónde y cuándo ocurrió el primer robo? ¿Qué robaron? ¿Cuál fue la reacción de los habitantes de la casa? ¿Qué hizo la policía? ¿Después de cuánto tiempo hubo otro robo?

¿Y ahora, cómo es el ambiente en el vecindario? ¿Cómo enfrentarán el problema los habitantes del barrio? Escríbeme pronto si puedes...

> You will probably need to use several different tenses to talk about what happened, what the situation is like now, and how the problem will be tackled in the immediate future. Make sure you are using the appropriate tenses.

Práctica

Uso del subjuntivo

Uso del condicional

1 Pon la forma adecuada del subjuntivo presente *(tú)*.

1 ¡No (tener) miedo!
2 ¡No (hacer) tanto ruido!
3 ¡No (ser) perezoso y haz tus deberes!
4 ¡No (ir) al museo porque es muy aburrido!
5 ¡No (estar) triste porque el problema no es tan grave!
6 ¡No me (decir) que has ganado un premio!

2 Pon la forma adecuada del subjuntivo *(presente)*.

1 Cuando (ser) mayor, quiero una casa muy grande.
2 Cuando (terminar) mis estudios, quiero encontrar un trabajo.
3 Quiero un trabajo que (ser) interesante.
4 Quiero un trabajo que me (hacer) feliz.
5 Quiero comprar una casa que (tener) una piscina.
6 Quiero una casa que (estar) cerca del mar.
7 Quiero un dormitorio que (tener) una cama enorme.
8 Quiero un amigo por correspondencia español que (ser) de Madrid.
9 Quiero un amigo por correspondencia que (tener) la misma edad que yo.
10 Quiero un amigo por correspondencia que (ser) simpático y divertido.

3 Pon la forma adecuada del subjuntivo presente o del indicativo presente.

1 Creo que estudiar (ser) muy importante.
2 No creo que (ser) importante tener éxito en todo.
3 ¿Tú crees que (ser) importante aprender idiomas?
4 Es probable que (ser) difícil encontrar trabajo.
5 Es posible que no (haber) trabajo para todos los jóvenes en el futuro.
6 No creo que este libro (ser) adecuado para niños.
7 Creo que las revistas (ser) más interesantes que los periódicos.
8 Dudo que esta revista (tener) artículos interesantes.
9 No dudo que uno (poder) aprender más de los libros.
10 ¿Crees que los libros (ser) más interesantes que los periódicos?

4 Completa el texto usando la forma adecuada del condicional.

1 En mi opinión es muy importante aprender idiomas. (Deber) todos aprender al menos
dos idiomas extranjeros. En los institutos (deber) haber la oportunidad de estudiar
todos los idiomas de Europa. (Deber) organizar viajes a todos los países de Europa. Yo
mismo estudio español pero (deber) estudiar también francés o alemán. Me (gustar)
aprender italiano porque me (encantar) ir a Italia.

2 La biblioteca en nuestro instituto es demasiado pequeña. No hay muchos libros.
(Deber) comprar más libros. (Ser) mejor. También (tener que) construir una sala de
estudios. Yo creo que todos los alumnos (deber) leer más.

5 Expresa tu opinión.

¿Es importante aprender un idioma?
¿Es importante tener buenas instalaciones en un instituto?

Vocabulario

frases para expresar un punto de vista

Considero que …
No considero que …
   (+ subjuntivo)
Creo que …
No creo que …
   (+ subjuntivo)
Debo decir que …
En mi opinión …
Pienso que …
No pienso que …
   (+ subjuntivo)
Estoy de acuerdo con …

Es importante … (+ inf)
No es justo … (+ inf)
Es una buena idea.

expressing an opinion

I consider that …
I don't consider that …

I believe that …
I don't believe that …

I have to say that …
In my opinion..
I think that …
I don't think that …

I agree with …

It is important to …
It is not right to …
It is a good idea.

expresar una intención

Voy a … (+ inf)
Pienso … (+ inf)
Tengo la intención de …
   (+ inf)

expressing an intention

I am going to …

I intend to …

expresar un deseo

Quiero … (+ inf)
Quiero que … (+ subjuntivo)
Me gustaría … (+ inf)
Me encantaría … (+ inf)
Preferiría … (+ inf)

expressing a wish

I want to … (+ inf)
I wish that …
I would like to … (+ inf)
I would love to … (+ inf)
I would prefer … (+ inf)

expresar un interés

Me gusta …
Me interesa …
Me fascina …
Me aburre …
Prefiero …

expressing an interest

I like …
I'm interested in …
I'm fascinated by …
I'm bored by …
I prefer …

dar un consejo

Deberíamos (+ inf)
Deberían (+ inf)
Sería mejor (+ inf)
Tendríamos que (+ inf)
Tendrían que (+ inf)

giving advice

We should (+ inf)
They should (+ inf)
It would be better to (+ inf)
We should (+ inf)
They should (+ inf)

Pruebas de control

Prueba 1

1 Mira las fichas de dos jóvenes.

Nombre: Robert
Apellido: Andrews
Edad: 15
Nacionalidad: Inglés
Domicilio: Manchester
Gustos: animales, sobre todo perros; películas de miedo
Pasatiempos: jugar al fútbol; salir con amigos

Nombre: Penny
Apellido: Wright
Edad: 16
Nacionalidad: Escocesa
Domicilio: Londres
Gustos: todo tipo de música; novelas románticas
Pasatiempos: escuchar la radio; tocar la trompeta en una orquesta

 Ahora escucha la cinta de cuatro jóvenes españoles.
¿Quién es el amigo/la amiga por correspondencia ideal para Robert y Penny?

 2 Escucha cuatro anuncios de la radio.

a Ordena los temas.
b ¿Cuál de los temas no viene mencionado?

Deporte   Cine   Lectura   Teatro   Televisión

3 Tu amigo español te invita a ver una película.
Quieres saber qué película, cuándo y dónde.
Completa el diálogo:

A: ¿Quieres ir al cine esta tarde?

B:

A: Pues, ponen la última película de Kevin Costner en versión doblada.

B:

A: La película empieza a las cinco y cuarto.

B:

A: Enfrente del cine.

B:

4 Estás en casa de tu amigo español. Quieres saber cuándo es la cena y si puedes hacer algo para ayudar.

A:

B: Normalmente cenamos a las nueve.

A:

B: No hace falta, ya tenemos todo en casa.

A:

B: Bueno, muchas gracias.

A:

B: Están en el armario pequeño en la cocina.

5 ¿Y tú?

1 ¿Tienes una familia grande?
2 Describe tu mejor amigo/a.
3 ¿Cuáles son tus pasatiempos?
4 Describe lo que haces los sábados.
5 ¿Vives en una casa o en un piso?
6 Describe tu casa.
7 ¿Tienes que ayudar en casa?
8 Describe un día típico con tu familia.

6 Lee esta carta y contesta a las preguntas.

Querido/a amigo/a:

Siento haber tardado tanto en escribirte esta carta. Recibí tus detalles hace tres semanas pero mi madre está enferma en este momento, así que no tengo mucho tiempo para mí. De hecho, tengo que ayudar muchísimo en casa porque mi padre va a la oficina todos los días y mi hermana menor sólo tiene cinco años, así que no puede ayudar mucho. Pero no es justo. Tengo muchos deberes y no tengo tiempo para salir con mis amigos o jugar al baloncesto (soy miembro de un equipo). Ya ves cómo es mi familia. ¿Tú tienes que ayudar en casa? ¿Repartes las tareas con tus hermanos o te toca siempre a ti? Explícame un poco cómo es la vida en familia. ¿Cómo son tus padres?

¿Tenéis animales domésticos? Nosotros no, puesto que vivimos en un piso bastante pequeño. A mí me gusta vivir aquí porque viven todos mis amigos en este barrio. A mi madre no le gusta vivir aquí en el centro y además se lleva bastante mal con la familia que vive en el piso de arriba. Hacen mucho ruido. Mi madre prefiere vivir en las afueras y le gustaría tener una casa con jardín. Pero el piso está situado muy cerca de la oficina de mi padre y por eso es muy práctico. ¿Vives cerca del centro? Descríbeme tu casa. Me gustaría visitarte un día.

Ya te voy a dejar...casi es la hora de preparar la cena. Y todavía tengo que llamar al club deportivo para decir que no puedo jugar al baloncesto hoy porque tengo que cuidar de mi hermana. ¡Qué rollo! ¿Tú tienes mucho tiempo para tus pasatiempos? ¿Qué te gusta hacer? Escríbeme pronto.

Juan

P.D. ¡Siento quejarme tanto en esta carta!

1 ¿Por qué Juan ha tardado mucho en escribir esta carta?
2 ¿Qué tiene que hacer Juan ahora que su madre está enferma?
3 Juan dice que se queja mucho. ¿Qué no puede hacer?
4 Juan no tiene animales porque:
  a a su madre no le gustan
  b no está permitido tener animales en los pisos donde vive
  c el piso de Juan no parece adecuado para tener animales.
5 Elige dos razones (a–e) por las que la madre de Juan no quiere vivir en el piso:
  a Es pequeño y feo.
  b Tiene problemas con los vecinos.
  c Quiere tener animales.
  d Quiere tener un jardín.
  e La oficina de su marido está demasiado cerca.
6 ¿Cuál es la descripción adecuada para Juan?
  a Es buen chico y hace todo sin quejarse.
  b Está dispuesto a ayudar pero le molesta un poco.
  c Está muy enfadado y no quiere ayudar a su madre.

7 Escribe una carta para contestarle a Juan.
Contesta a sus preguntas y compara tu situación familiar con la suya.

Prueba 2

1 Escucha a tres jóvenes hablar de sus colegios:

1 Instituto San Antonio
2 Instituto Rubén Darío
3 Instituto Carlos V

Elige la buena descripción en cada categoría.

a Tamaño: grande/pequeño
b Instalaciones: buenas/malas
c Profesores: simpáticos/estrictos
d Actividades extraescolares: mucha variedad/poca variedad

2 Escucha el comentario sobre Sevilla y ordena los temas. ¿Cuáles de los temas no vienen mencionados?

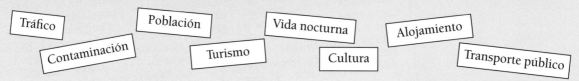

3 Estás en las afueras de Madrid y necesitas comprar unos libros. Completa el diálogo:

A:  ¿Aquí?

B: No. Tiene que ir a la Gran Vía en el centro de la ciudad.

A:

B: Tome la primera a la derecha y baje la calle hasta el final. Luego suba la avenida.

A:

B: Sí, pero está bastante lejos. Puede coger un autobús.

A:

B: Sí, hay una enfrente de la farmacia.

4 Estás visitando Madrid y no tienes el plano de la ciudad. Quieres ir al Museo del Prado. Preguntas dónde está y cómo llegar en metro.

A:

B: Tiene que coger el metro.

A:

B: Es la línea dos, dirección Goya.

A:

B: No, es directo.

A:

B: Tiene que bajarse en la estación Banco de España.

5 ¿Y tú?

1 ¿Dónde vives?
2 ¿Qué hay en tu barrio?
3 ¿Te gusta tu barrio?
4 Describe tu instituto.
5 ¿Cuáles son tus asignaturas favoritas?
6 ¿Cómo son los profesores?
7 ¿Cuál es la profesión de tus padres?
8 ¿En qué te gustaría trabajar al terminar tus estudios?

6 Lee esta carta y contesta a las preguntas.

Querido/a amigo/a:

Gracias por tu carta que recibí el martes pasado. Y gracias por invitarme a pasar unas semanas en tu casa. Me encanta la idea y ya estoy preguntando por los precios de los billetes de avión. Tu familia me parece encantadora.

Estoy deseando conocer Inglaterra. Como ya sabes, yo vivo en un barrio céntrico de Madrid. Me gusta mucho pero hay demasiado tráfico. La gente debería usar el transporte público. También sabes que me encanta el deporte pero aquí cerca no hay muchas posibilidades para hacer deporte. Deberían construir un polideportivo. Claro que, comparado con otras ciudades, hay más distracciones tales como cines y discotecas. ¿Cómo es tu barrio comparado con otros barrios en Londres u otras ciudades? ¿Te gusta vivir allí? ¿Hay mucho que hacer?

Las fechas de mi visita dependen un poco de las notas de mis exámenes. Si apruebo todas mis asignaturas puedo pasar dos semanas en Inglaterra en el mes de agosto. Pero si suspendo una asignatura tendré que estudiar y sólo podré pasar una semana contigo. Me preocupa la física porque no se me da muy bien y además el profesor es muy exigente. ¿Cómo son los profesores en Inglaterra? ¿Tú también tienes exámenes?

Durante el mes de julio voy a trabajar en un hotel en la costa cerca de Málaga. Durante el día tengo que ayudar en la cocina y por la noche voy a trabajar de camarero. Me pagan bien, así que no voy a tener problemas para comprar el billete para Inglaterra. Por cierto, ¿vas a trabajar durante el verano? ¿Hay posibilidades de trabajo para los estudiantes? Si trabajas tienes que decirme qué fechas te convienen para mi visita. Escríbeme pronto,

Juan

P.D. ¿Cuándo vas a visitarme aquí en España?

1 Hay demasiado tráfico en el
   barrio de Juan porque:
   a no hay transporte público
   b la gente prefiere usar el coche
   c las calles son demasiado estrechas.
2 Completa: Lo bueno del barrio de Juan
   es que...

3 Las fechas de la visita de Juan dependen:
   a del profesor de física
   b del precio del billete
   c del tiempo que necesita para estudiar.
4 ¿Por qué Juan se preocupa por la física?
5 ¿Qué tipo de trabajo va a hacer Juan durante el verano?
6 ¿Para qué necesita el dinero?

7 Escribe una carta para contestarle a Juan. Contesta a sus preguntas.

1 Escucha dos anuncios para campings en España.
¿Cuál de las fichas (a–c) corresponde al Camping Sevilla y cuál corresponde al Camping Tres Molinos?

2 Escucha dos entrevistas sobre unas vacaciones ideales y decide cuál de los anuncios es adecuado para la persona que habla.

a

Vacaciones de deporte acuático
- 2 semanas en la Costa del Sol
- alojamiento en hoteles de 2 estrellas
- pensión completa
- discoteca y bar

Vacaciones sol y mar
✳ 2 semanas en la Costa Blanca
✳ alojamiento en hoteles de 4 estrellas
✳ bar – restaurante
✳ excursiones organizadas

b

Vacaciones al lado del mar
◆ 2 semanas en Girona
◆ alojamiento en hoteles de 2 estrellas
◆ bares – restaurantes – discotecas
◆ actividades deportivas y culturales

c

3 Estás en la estación de Atocha de Madrid y quieres viajar a Valencia. Completa el diálogo:

A:

B: Hay un tren a las diez y cuarto y también a las cinco y cinco de la tarde.

A:

B: Aquí tiene su billete.

A: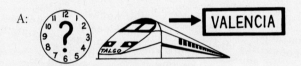

B: A las diez y media de la noche.

A: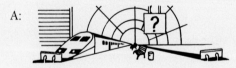

B: Número cinco.

4 Estás en un restaurante y quieres saber si hay platos vegetarianos. Completa el diálogo:

A: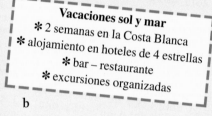

B: Sí, hay espinacas a la crema o tortilla de patatas con ensalada mixta.

A:

B: ¿Y para beber?

A:

B: Muy bien.

A:

B: Ahora se lo traigo.

A:

B: En seguida.

5 ¿Y tú?

1 ¿Qué tipo de vacaciones te gustan?
2 ¿Prefieres quedarte en un hotel o hacer camping?
3 ¿Cómo te gusta viajar?
4 ¿Fuiste de vacaciones el año pasado? ¿Qué hiciste?
5 ¿Tienes planes para ir de vacaciones después de los exámenes?
6 ¿Cuál es tu plato favorito?
7 ¿Qué te gustaría probar en un restaurante español?
8 ¿Qué ropa te gusta llevar cuando estás de vacaciones?

6 Lee esta carta y contesta a las preguntas.

Querido/a amigo/a:

¡Qué alegría! Ya tengo el billete para visitarte en agosto. Voy a ir a Inglaterra el día trece hasta el día veintisiete así que lo vamos a pasar muy bien durante dos semanas. ¡Espero que mejoraré mi inglés!

Ahora unos detalles prácticos. El avión de la línea Iberia sale a las diez de la mañana y llega a Londres a las once y cuarto hora inglesa (hay una diferencia de una hora ¿no?). ¿Vas a recogerme? Te mando una foto mía. Pero como hay tanta gente en los aeropuertos voy a llevar una camiseta roja para que puedas reconocerme. También tengo una mochila verde para viajar. Por cierto, ¿puedes aconsejarme sobre qué ropa llevarme a Inglaterra? El año pasado fui de vacaciones a Holanda y sólo tenía camisas y camisetas. ¡Qué frío pasé! ¿Qué tal el clima en verano donde vives tú?

En cuanto a la comida, no te preocupes. Yo como de todo menos el pescado. Claro, no voy a poder probar ese famoso plato inglés: las patatas fritas y el pescado. ¿Hay otros platos típicos?

¿Sabes ya qué vamos a hacer? ¿Puedes mandarme información sobre posibles actividades y excursiones? Tengo ganas de ver muchísimas cosas y de conocer a tus amigos. En cuanto a tu visita a España en octubre me parece estupendo. Te presentaré a todos mis amigos y haremos excursiones todos los días aquí en Madrid y los alrededores. No me habías dicho que ya habías visitado España hace unos años. ¿Adónde fuiste y qué hiciste? ¿Te gustó?

Bueno, te llamaré por teléfono unos días antes de irme. ¡Hasta pronto!

Juan

1 ¿Cuáles son las tres cosas que quiere hacer Juan en Inglaterra?
2 ¿Cuánto tiempo dura el viaje en avión a Inglaterra?
3 ¿Por qué no es suficiente una foto para reconocer a Juan?
4 ¿Qué problema tuvo Juan en Holanda?

5 ¿Cómo parece Juan en la carta?
  a serio
  b entusiasta
  c preocupado.
6 ¿Cómo sabes que Juan es un chico sociable?

7 Escribe una carta a Juan. Contesta a sus preguntas y explica tus planes para tu visita en octubre.

Prueba 4

1 Luis organiza una fiesta pero muchos de sus invitados no pueden venir.
Escucha los recados en el contestador automático y apunta quién no puede venir y por qué.

Alejandra	a Ha perdido su cartera.
Lilia	b Se ha roto el brazo.
Arturo	c Su coche no funciona.
Antonio	d Ha perdido sus llaves.
Francisco	e Tiene gripe.
Concha	f Se ha torcido el tobillo.
Rita	g Su hermana está en el hospital.
Mario	h Han robado en su casa.
Darío	i Está resfriada.
Ramón	j Tiene que recoger a su madre en el aeropuerto.

2 Escucha a una presentadora de un programa de radio anunciar el contenido de su programa.
Pon los temas en orden. ¿Cuál no viene mencionado?

  Entrevista   Actualidad   Gastronomía   Actuación musical   Debate   Salud

3 Estás de vacaciones en España con un(a) amigo/a.
Tu amigo/a está enfermo/a y le acompañas al médico.
Completa el diálogo:

A: Buenos días. ¿En qué puedo ayudar?

B:

A: ¿Qué le pasa exactamente?

B:

A: ¿Qué comió anoche?

B:

A: Es una indigestión. No es grave.

B:

A: Sí. Tiene que descansar y tomar estas pastillas.

4 Estás en la oficina de Correos en España.
Completa el diálogo:

A:

B: Aquí tiene.

A:

B: Sí, está aquí a la derecha.

A:  → Inglaterra

B: Son dos euros setenta y cinco céntimos.

A:

B: Normalmente cinco días.

5 Antes de viajar en coche a Cáceres, pasas por la gasolinera con tu familia. Completa el diálogo:

A:

B: Muy bien. ¿Algo más?

A:

B: Necesita un litro.

A:

B: Están bien.

A:

B: Sí, en el quiosco.

6 Lee esta carta y contesta a las preguntas.

Querido/a amigo/a:

¿Qué tal estás? Muchísimas gracias por estas dos semanas estupendas que pasé contigo en Inglaterra. Me encantó tu país. Me gustaron mucho tu familia y tus amigos. En mi opinión lo mejor era los días que pasamos visitando los pueblos rurales del sureste de Inglaterra. Lo peor era el viaje por Londres en metro. ¡Cuánta gente! Era peor que en Madrid. Pero no tuvimos mucha suerte. Primero te robaron la cartera y después perdí mi mochila. Tampoco me gustó cuando la tienda de discos no aceptó mi tarjeta de crédito y tuvimos que ir al banco para retirar dinero con un cheque de viajes. Pero en fin, el resto de mi estancia fue maravillosa. Y tú ¿qué tal te lo pasaste? ¿Qué fue lo mejor y lo peor para ti?

De vuelta en España leo en los periódicos que hay muchos problemas aquí. Leo que en la lucha contra los altos niveles de contaminación, el gobierno propone una baja en los precios de los medios de transporte público para que la gente use menos su coche. Estoy de acuerdo con esta medida. Yo creo que es una solución.

Mientras tanto el líder de la oposición denuncia la actitud de algunos ministros durante el debate parlamentario sobre las elecciones. Una encuesta reciente afirma que los españoles de hoy tienen una imagen más positiva de los países latinoamericanos y que el entusiasmo europeísta ha disminuido. Lo más deprimente es que otras dos mil personas han perdido su trabajo según las últimas cifras publicadas por el gobierno. ¡Qué pena!

Pero creo que tu país tiene los mismos problemas, ¿verdad? Escríbeme y dime lo que opinas.

Un abrazo, Juan

1 ¿Esta carta fue escrita antes o después de la visita a Inglaterra de Juan?
2 Según la carta ¿Juan prefiere la ciudad o el campo?
3 Menciona dos problemas que tuvo Juan en Inglaterra.
4 ¿Cuáles de los temas siguientes vienen mencionados en la carta de Juan?
  a el paro
  b el cine español
  c las relaciones internacionales
  d el medio ambiente
  e la economía
  f la política.

7 Escribe una carta a Juan y contesta a sus preguntas sobre:

a su visita
b los problemas que hay en España y en Inglaterra.

Grammar summary

These notes are a guide to the main areas of grammar that you will need for GCSE Spanish.

Articles

In Spanish you use either a definite article (*the*) or an indefinite article (*a, some*) with a noun:

masculine singular	el	*the*	un	*a*
masculine plural	los	*the*	unos	*some*
feminine singular	la	*the*	una	*a*
feminine plural	las	*the*	unas	*some*

You must always use an article before a noun except in the following examples.
- When you don't specify the amount:

  En mi pueblo hay bares y tiendas. — *In my village there are bars and shops.*

  Tengo deberes. — *I have homework.*
- When you say you have not got something:

  No tengo dinero. — *I don't have any money.*

  No tengo hermanos. — *I don't have brothers and sisters.*
- When you say what someone's job is:

  Mi madre es médica. — *My mother is a doctor.*

  Quiero ser profesor. — *I want to be a teacher.*

Nouns

Nouns in Spanish are either masculine or feminine, singular or plural:

masculine singular	*masculine plural*	*feminine singular*	*feminine plural*
el perro	los perros	la casa	las casas
the dog	*the dogs*	*the house*	*the houses*
un perro	unos perros	una casa	unas casas
a dog	*(some) dogs*	*a house*	*(some) houses*

To make nouns ending in a vowel plural, you add an **-s**:

gato gatos

To make nouns ending in a consonant plural, you add **-es**:

bar bares

Always learn a noun together with its article so that you remember whether it is masculine or feminine. This will be important when using adjectives.

Adjectives

Adjectives describe nouns and must agree with the noun they are describing. They usually follow the noun in the sentence.

All adjectives ending in **-o** will become **-a** in the feminine and add an **-s** in the plural:

masculine	un coche caro	*an expensive car*
	unos coches caros	*expensive cars*
feminine	una tienda cara	*an expensive shop*
	unas tiendas caras	*expensive shops*

All adjectives ending in **-e** will stay the same in the feminine but add an **-s** in the plural:

masculine	un coche grande	*a big car*
	unos coches grandes	*big cars*
feminine	una tienda grande	*a big shop*
	unas tiendas grandes	*big shops*

If you want to use more than one adjective to describe a noun, you can link them by using **y**:

Tiene los ojos grandes y bonitos. — *She has lovely big eyes.*

Possessive adjectives

Possessive adjectives indicate who the noun belongs to:

masculine/feminine (singular)	*masculine/feminine (plural)*	
mi	mis	*my*
tu	tus	*your*
su	sus	*his/her/your (formal)*
nuestro/a	nuestros/as	*our*
vuestro/a	vuestros/as	*your*
su	sus	*their/your (formal plural)*

masculine		*feminine*	
mi coche	my car	mi casa	my house
mis coches	my cars	mis casas	my houses

Demonstrative adjectives

Demonstrative adjectives ('this' or 'that') indicate which noun you are talking about:

masculine		feminine	
este coche	this car	esta casa	this house
estos coches	these cars	estas casas	these houses
aquel coche	that car	aquella casa	that house
aquellos coches	those cars	aquellas casas	those houses

Comparatives and superlatives

You use these when you want to make comparisons. You can add **más... que** or **menos... que** to an adjective:

Soy más grande que mi hermano.	I'm taller than my brother.
Soy menos inteligente que mi hermana.	I'm less intelligent than my sister.

To form the superlative, you say **el más...** or **la más...**

Mi pueblo es el más bonito de la región.	My village is the prettiest in the region.
Mi pueblo es el menos interesante de la región.	My village is the least interesting in the region.
La última película de Spielberg es mejor que la primera. Es la mejor película de todas.	The last Spielberg film is better than the first. It is the best film of them all.
Este libro es peor que aquél.	This book is worse than that one.
Es el peor libro de todos.	It is the worst book of all of them.

When you want to say what the best thing is about something, you say **lo mejor es...**

Lo mejor es el parque.	The best thing is the park.
Lo peor es la fábrica.	The worst thing is the factory.

Adverbs

These describe the verb or the adjective but do not agree so they do not change.

Adverbs are usually formed using the feminine form of an adjective and adding **-mente**:

lento	lenta	lentamente	slowly
rápido	rápida	rápidamente	quickly

The adverbs you will use most are irregular:

siempre	always	Siempre hago mis deberes.	I always do my homework.
nunca	never	Nunca voy al teatro.	I never go to the theatre.
muy	very	Estoy muy cansado.	I am very tired.
bastante	quite	La camisa es bastante cara.	The shirt is quite expensive.
demasiado	too	La camisa es demasiado cara.	The shirt is too expensive.

Note: Bastante and demasiado can act either as an adjective or an adverb:

Hay demasiados bares.	There are too many bars.
(acts as adjective – agreement)	
Los bares son demasiado caros.	The bars are too expensive.
(acts as adverb – no agreement)	
Hay demasiada gente.	There are too many people.
(acts as adjective – agreement)	
La gente es demasiado impaciente.	People are too impatient.
(acts as adverb – no agreement)	
Hay bastantes libros.	There are quite a lot of / enough books.
(acts as adjective – agreement)	
Los libros son bastante interesantes.	The books are quite interesting.
(acts as adverb – no agreement)	

Prepositions

A preposition is a word which is often used to say where someone or something is.

You must be especially careful when linking it to the masculine definite article.

1 a *to*

Voy al cine	(a + el)	I am going to the cinema.
Voy a la piscina	(a + la)	I am going to the swimming-pool.

2 de *of / from*

El coche del hermano de Pedro.	(de + el)	Pedro's brother's car.
El dormitorio de la hermana de Pilar.	(de + la)	Pilar's sister's bedroom.
Soy de España.		I'm from Spain.
Soy de Londres.		I'm from London.

3 en *in /on / by*

El gato está en el salón.	The cat is in the living-room.
El libro está en la mesa.	The book is on the table.
Voy a ir en coche / en avión / en tren.	I'm going to go by car / by plane / by train.

4 Prepositions followed by de:

al lado de	next to
enfrente de	opposite
delante de	in front of
detrás de	behind
cerca de	near to
lejos de	far from
encima de	on top of
debajo de	underneath

The prepositions **por** and **para**:

These both mean *for* or *in order to*, although their meaning can vary according to the context. For GCSE you need to know that:

- **para** expresses:

– who something is for	
Compré un regalo para mi madre.	*I bought a present for my mother.*
– what something is for	
Tengo un libro para aprender español.	*I have a book to learn Spanish.*

- **por** expresses:

– an exchange	
Gano cinco euros por hora.	*I earn 5 euros an hour.*
Compré el CD por cincuenta céntimos.	*I bought the CD for 50 cents.*
– length of time	
Haré los deberes por la mañana.	*I will do the homework in the morning.*
Voy a España por dos semanas.	*I am going to Spain for two weeks.*

Note the following useful expressions using **por**:

por supuesto	*of course*
por eso	*for this reason*
por lo visto	*apparently*
¿por qué?	*why?*
porque	*because*

Pronouns

Subject pronouns

yo	*I*
tú	*you*
él	*he*
ella	*she*
Usted	*you (formal)*
nosotros/nostras	*we*
vosotros/vosotras	*you (plural)*
ellos/ellas	*they*
Ustedes	*you (formal plural)*

You only use these for emphasis:

Yo siempre hago mis deberes pero tú no.	*I always do my homework but you don't.*

When you refer to a group of people with one or more males, you must use the masculine form.

Object pronouns

Object pronouns replace the noun to avoid repeating it unnecessarily.

Direct object pronouns
Direct object pronouns replace a noun which is the direct object of the verb:

¿Has comido el helado?	*Have you eaten the ice cream?*
Sí, lo he comido.	*Yes, I have eaten it.*
¿Dónde has perdido la cartera?	*Where did you lose your wallet?*
La he perdido en el centro.	*I lost it in the centre.*

Indirect object pronouns
Indirect object pronouns replace a noun which is the indirect object of the verb:

¿Has escrito una carta a tu amigo?	*Have you written a letter to your friend?*
Sí, le he escrito una carta.	*Yes, I have written a letter to him.*
¿Qué dijiste al jefe?	*What did you say to the boss?*
Le dije que sentía llegar tarde.	*I said to him that I was sorry for being late.*

Direct object pronouns		Indirect object pronouns	
masculine	*feminine*	*masculine*	*feminine*
me	me	me	me
te	te	te	te
lo	la	le	le
nos	nos	nos	nos
os	os	os	os
los	las	les	les

Te vi en el cine.	*I saw you in the cinema.*
Lo veo.	*I see him / it.*
La veo.	*I see her.*
Te di un regalo.	*I gave you a present.*
Le di un regalo.	*I gave him a present.*
Le di un regalo.	*I gave her a present.*

Note that there are two important verbs that need an indirect object pronoun:

Gustar	*to like*	Me gusta el cine.	*I like the cinema.*
		Te gusta...	*You like...*
		Le gusta...	*He/She likes...*
		Nos gusta...	*We like...*
		Os gusta...	*You like...*
		Les gusta...	*They like...*
Doler	*to hurt*	Me duele la garanta.	*My throat hurts.*

120

Possessive pronouns

Possessive pronouns show who the noun belongs to whilst replacing it to avoid repeating it. They must agree with the noun they replace:

Estos libros son míos.   *These books are mine.*
Esta cartera es mía.   *This wallet is mine.*

masculine singular	feminine singular	masculine plural	feminine plural
mío	mía	míos	mías
tuyo	tuya	tuyos	tuyas
suyo	suya	suyos	suyas
nuestro	nuestra	nuestros	nuestras
vuestro	vuestra	vuestros	vuestras
suyo	suya	suyos	suyas

Demonstrative pronouns

Demonstrative pronouns indicate which noun you are talking about whilst replacing it to avoid repeating it. They must agree with the noun they are replacing:

¿Qué libro prefieres? Prefiero éste.   *Which book do you prefer? I prefer this one.*
¿Cuál es tu maleta? Ésta.   *Which is your suitcase? This one.*

¿Cuál es tu maleta, ésta o aquélla?   *Which is your suitcase, this one or that one?*
Estos sombreros no me gustan. Prefiero aquéllos.   *I don't like these hats. I prefer those (ones).*

masculine	feminine	masculine	feminine
éste	ésta	aquél	aquélla
éstos	éstas	aquéllos	aquéllas

Relative pronouns

Que   *who / which / that*

Mi hermana, que se llama Trini, tiene catorce años.   *My sister, who is called Trini, is fourteen.*
¿Hay un autobús que va al centro?   *Is there a bus which goes to the stadium?*
El autobús que va al centro viene a las dos.   *The bus that goes to the centre comes at two.*

Asking questions

When asking a simple question in Spanish, all you need to do is to add a question mark at the beginning and the end of the sentence.

Tienes un coche.   *You have a car.*
¿Tienes un coche?   *Do you have a car?*

When speaking, use intonation to make the sentence sound like a question.

When you need more specific information than just *yes* or *no*, use the following question words at the start of your sentence:

¿Quién?	*Who (singular)?*
¿Quiénes?	*Who (plural)?*
¿Cuál?	*Which (singular)?*
¿Cuáles?	*Which (plural)?*
¿Qué?	*What?*
¿Cómo?	*How?*
¿Cuándo?	*When?*
¿Por qué?	*Why?*
¿Dónde?	*Where?*
¿Adónde?	*Where to?*
¿Cuánto?	*How much? How many?*

(Note agreement: ¿Cuántos hermanos tienes? ¿Cuántas hermanas tienes?)

Expressions of time

You should learn the following expressions of time:

lunes, martes, miércoles...	*Monday, Tuesday, Wednesday...*
el lunes, el martes, el miércoles...	*on Monday, on Tuesday, on Wednesday...*
el lunes pasado	*last Monday*
la semana pasada	*last week*
el mes pasado	*last month*
el año pasado	*last year*
el verano pasado	*last summer*
ayer	*yesterday*
anteayer	*the day before yesterday*
mañana	*tomorrow*
pasado mañana	*the day after tomorrow*
la semana que viene	*next week*
el año que viene	*next year*
el verano que viene	*next summer*
en Navidades	*last Christmas / this Christmas*
por la mañana / tarde / noche	*in the morning / in the afternoon / at night*
durante las vacaciones	*during the holidays*
después de los exámenes	*after the exams*
hace unos días	*a few days ago*
el otro día	*the other day*
desde hace (+ time)	*since / for*
Aprendo el español desde hace cinco años.	*I have been learning Spanish for five years.*
Vivo en Londres desde hace diez años.	*I have been living in London for ten years.*

Verbs

A verb indicates the action in a sentence and the tense tells you when the action took place.

Juego al tenis.	(*Present tense*)	*I play tennis.*
Jugué al tenis.	(*Preterite tense*)	*I played tennis.*
Jugaba al tenis.	(*Imperfect tense*)	*I used to play tennis.*
Jugaré al tenis.	(*Future tense*)	*I will play tennis.*

The infinitive

The infinitive is the basic form of the verb and if you look for a verb in a dictionary, it will be given as an infinitive:

hacer	*to do /make*
trabajar	*to work*
vivir	*to live*

An infinitive is often used after another verb in a sentence. For example:

Suelo hacer mis deberes a las cuatro.	*I usually do my homework at four o'clock.*
Tengo que hacer deberes todos los días.	*I have to do homework every day.*
Puedo ver la tele todos los días.	*I can watch television every day.*
Quiero ir al cine esta tarde.	*I want to go to the cinema this afternoon.*
Me gusta ir al teatro de vez en cuando.	*I like going to the theatre from time to time.*

The present tense

The present tense describes an action or situation that is taking place at the moment or that usually takes place:

Hago los deberes.	*I am doing my homework.*
Hago los deberes a las cuatro.	*I do my homework at four o'clock.*

Regular verbs

There are three main groups which use the following patterns:

	hablar *(to talk)*	comer *(to eat)*	escribir *(to write)*
(yo)	hablo	como	escribo
(tú)	hablas	comes	escribes
(él/ella/Usted)	habla	come	escribe
(nosotros)	hablamos	comemos	escribimos
(vosotros)	habláis	coméis	escribís
(ellos/ellas/Ustedes)	hablan	comen	escriben

Look for other useful verbs that follow this regular pattern in the verb table (page 126).

There is a group of verbs which have the regular endings but change their stem in the first, second and third person singular and the third person plural of the present tense. The ones you should learn are:

jugar *(to play)*	poder *(to be able to)*	preferir *(to prefer)*
juego	puedo	prefiero
juegas	puedes	prefieres
juega	puede	prefiere
jugamos	podemos	preferimos
jugáis	podéis	preferís
juegan	pueden	prefieren

Look in the verb table (pages 128–129) for other useful verbs that change their stem.

Irregular verbs

These five irregular verbs are verbs that you need frequently and you need to learn them:

ser *(to be)*	estar *(to be)*	hacer *(to do/make)*	ir *(to go)*	tener *(to have)*
soy	estoy	hago	voy	tengo
eres	estás	haces	vas	tienes
es	está	hace	va	tiene
somos	estamos	hacemos	vamos	tenemos
sois	estáis	hacéis	vais	tenéis
son	están	hacen	van	tienen

Look for other useful irregular verbs in the verb table (pages 127–128).

Ser and Estar

Both these verbs mean *to be* but are used in different contexts.

Ser is used to express a permanent or definite state:

Soy español.	*I am Spanish.*
Soy estudiante.	*I am a student.*
Soy inteligente.	*I am intelligent.*
Mi pueblo es bonito.	*My village is pretty.*
El libro es muy bueno.	*The book is very good.*

Estar is used to express a temporary state or when you want to indicate where something is (place):

Estoy triste.	*I am sad.*
Estoy contento.	*I am happy.*
Estoy en el salón.	*I am in the living-room.*
Mi pueblo está lejos de Madrid.	*My village is far from Madrid.*
La tienda está en el centro del pueblo.	*The shop is in the centre of the village.*

Some cases seem to contradict the above rule. They should just be learnt:

Mi hermana está casada.	*My sister is married.*
Mi abuelo está muerto.	*My grandfather is dead.*

The future tense

The future tense describes an action or situation that will take place. You can use either of the following forms:

Mañana haré los deberes temprano.	*Tomorrow I will do my homework early.*
Mañana voy a hacer los deberes temprano.	*Tomorrow I am going to do my homework early.*

Forming the future tense using the verb ir + a + infinitive

Voy a ir al cine esta tarde.	*This afternoon I am going to the cinema.*
Vamos a cenar a las nueve.	*We are going to have supper at nine o'clock.*

Forming the future tense

To form the future tense, you take the infinitive of a verb and add the correct ending:

hablar (to talk)	comer (to eat)	escribir (to write)
hablaré	comeré	escribiré
hablarás	comerás	escribirás
hablará	comerá	escribirá
hablaremos	comeremos	escribiremos
hablaréis	comeréis	escribiréis
hablarán	comerán	escribirán

The following common verbs have irregular stems in the future tense but still use the same endings:

hacer	to do/make	haré
poder	to be able to	podré
querer	to want to/love	querré
salir	to go out	saldré
tener	to have	tendré
venir	to come	vendré

Look for these in the verb table (pages 127–129).

The preterite tense

The preterite tense describes an action that began and ended in the past. This is the past tense that you will probably use most at GCSE:

Ayer fui al cine.	Yesterday I went to the cinema.
Volvieron la semana pasada.	They came back last week.

Forming the preterite

To form the preterite tense in regular verbs, use the infinitive stem and add the following endings:

hablar (to talk)	comer (to eat)	escribir (to write)
hablé	comí	escribí
hablaste	comiste	escribiste
habló	comió	escribió
hablamos	comimos	escribimos
hablasteis	comisteis	escribisteis
hablaron	comieron	escribieron

The following common verbs are irregular in the preterite and should be learnt:

ser (to be)	estar (to be)	hacer (to do/make)	ir (to go)	tener (to have)
fui	estuve	hice	fui	tuve
fuiste	estuviste	hiciste	fuiste	tuviste
fue	estuvo	hizo	fue	tuvo
fuimos	estuvimos	hicimos	fuimos	tuvimos
fuisteis	estuvisteis	hicisteis	fuisteis	tuvisteis
fueron	estuvieron	hicieron	fueron	tuvieron

Look in the verb table for other useful irregular verbs in the preterite.

- The preterite forms of **Ser** and **Ir** are the same. You are not likely to mix them up very often as you rarely need the preterite of **Ser**.
- Verbs whose stem ends in **-c** or **-g** need a spelling change in the first person singular of the preterite in order to keep the hard-sounding **-c** and **-g**:

tocar	(to play an instrument)	toqué
jugar	(to play a game)	jugué
llegar	(to arrive)	llegué

The perfect tense

The perfect tense describes an action that began and ended in the same span of time as it is being told. This is quite complicated and the best guide at GCSE is to use it:

– when the action took place on the same day as you are talking about it:

Hoy he ido de compras.	Today I went shopping.
Esta tarde he leído el periódico.	This afternoon I read the paper.

– in a question which does not contain any reference to time:

¿Has terminado el libro?	Have you finished the book?
¿Has visto la última película de Spielberg?	Have you seen the latest Spielberg film?

You will not often use this in writing tasks at GCSE. It is most frequently used in situations where something has just happened. It is therefore more useful when speaking:

He tenido un accidente.	I have had an accident.
Me he roto la pierna.	I have broken my leg.
He perdido la cartera.	I have lost my wallet.
Me han robado la tarjeta de crédito.	My credit card has been stolen.

Forming the perfect tense

The perfect tense has two parts. You need the verb **haber** (to have) to act as an auxiliary verb and the past participle of the verb you want to use:

he hecho	I have done
has ido	you have gone
ha tenido	he/she has had
hemos perdido	we have lost
habéis terminado	you have finished
han visto	they have seen

The imperfect tense

The imperfect tense describes what used to happen or what something was like:

Cuando tenía cinco años era muy travieso.	When I was five I was very naughty.

Jugaba con mis amigos en el parque.	*I used to play with my friends in the park.*
Hace diez años mi pueblo era muy bonito.	*Ten years ago my village was very pretty.*
El hotel era muy lujoso y tenía vistas al mar.	*The hotel was very luxurious and had a sea view.*

Forming the imperfect tense

To form the imperfect tense use the infinitive stem and add the following endings:

hablar (*to talk*)	comer (*to eat*)	escribir (*to write*)
hablaba	comía	escribía
hablabas	comías	escribías
hablaba	comía	escribía
hablábamos	comíamos	escribíamos
hablabais	comíais	escribíais
hablaban	comían	escribían

The following common verbs are irregular and should be learnt:

ser (*to be*)	ir (*to go*)	ver (*to see*)
era	iba	veía
eras	ibas	veías
era	iba	veía
éramos	íbamos	veíamos
erais	ibais	veíais
eran	iban	veían

Note that the imperfect tense is often used together with the preterite tense when writing about something in the past. For GCSE you need to remember that the preterite is used for all the actions and the imperfect tense is used for all the descriptions.

Ayer fui al cine. (*action*)	*Yesterday I went to the cinema.*
La película era muy buena. (*description*)	*The film was very good.*
Llovía cuando salí.	*It was raining when I went out.*

The pluperfect tense

The pluperfect tense describes an action that was completed before another action in the past. It conveys the idea that something had already happened (before something else):

Había terminado los deberes cuando mi madre llegó.	*I had finished my homework when my mother arrived.*
El avión todavía no había llegado cuando empezó a nevar.	*The plane had not yet arrived when it started snowing.*

Forming the pluperfect tense

Forming the pluperfect tense is similar to forming the perfect tense except that you need to put the verb **haber** into the imperfect and then add the past participle:

hab_ía llegado	*I had arrived*
habías terminado	*you had finished*
había ido	*he/she had gone*
habíamos visto	*we had seen*
habíais comido	*you had eaten*
habían vuelto	*they had returned*

Reflexive verbs

Some verbs are reflexive and use a reflexive pronoun. You will recognise the pattern of the regular -**ar** verbs. The following are the tenses you are most likely to need at GCSE:

levantarse (*to get up*)		
present	*future*	
me levanto	me levantaré	voy a levantarme
te levantas	te levantarás	vas a levantarte
se levanta	se levantará	va a levantarse
nos levantamos	nos levantaremos	vamos a levantarnos
os levantáis	os levantaréis	vais a levantaros
se levantan	se levantarán	van a levantarse
preterite	*perfect*	*imperfect*
me levanté	me he levantado	me levantaba
te levantaste	te has levantado	te levantabas
se levantó	se ha levantado	se levantaba
nos levantamos	nos hemos levantado	nos levantábamos
os levantasteis	os habéis levantado	os levantabais
se levantaron	se han levantado	se levantaban

Look for other useful reflexive verbs in the verb table (pages 126–127).

The conditional tense

The conditional tense is used to express the idea that you would, could or should do something:

Sería agradable ir a la playa.	*It would be pleasant to go to the beach.*
Sería mejor ir en autobús.	*It would be better to go by bus.*
Podríamos comer en un restaurante.	*We could eat in a restaurant.*
Podría hacer los deberes para mañana.	*I could do the homework for tomorrow.*
Debería hacer los deberes ahora.	*I should do the homework now.*
Deberían construir una piscina.	*They should build a swimming-pool.*

Forming the conditional tense

You form the conditional tense by adding specific endings to the stem of the future tense as below:

hablar (*to talk*)	comer (*to eat*)	escribir (*to write*)
hablaría	comería	escribiría
hablarías	comerías	escribirías
hablaría	comería	escribiría
hablaríamos	comeríamos	escribiríamos
hablaríais	comeríais	escribiríais
hablarían	comerían	escribirían

You are most likely to use the following:

Ser (*to be*)	Sería mejor quedar a las tres.	*It would be better to meet at three o'clock.*
Poder (*to be able to*)	Podríamos ir al cine.	*We could go to the cinema.*
Deber (*to have to*)	Deberían suprimir el uniforme	*They should abolish uniform.*

The conditional tense is sometimes used with the past subjunctive (see below).

The subjunctive

The subjunctive is used:

– when talking about the future using **cuando**:

| Cuando sea mayor, compraré una casa. | *When I am older, I will buy a house.* |
| Cuando esté mi abuela, iremos al cine. | *When my grandmother is here, we will go to the cinema.* |

– when wishing something using the verb **querer**:

| Quiero una casa que sea grande. | *I want a big house.* |
| Quiero que vayamos al cine. | *I want us to go to the cinema.* |

– when there is some doubt in what you say:

Es posible que venga más tarde.	*It is possible that he will come later.*
Es probable que no sea verdad.	*It is probable that it is not true.*
Dudo que sea verdad.	*I doubt that it is true.*

– when you express a negative belief (opinion) or ask someone what they believe:

| No creo que lleguemos a tiempo. | *I don't think we will arrive on time.* |
| ¿Crees que esté el profesor? | *Do you think the teacher is there?* |

– when giving a negative command:

¡No seas tonto!	*Don't be stupid!*
¡No estés triste!	*Don't be sad!*
¡No hagas los deberes ahora!	*Don't do the homework now!*
¡No vayas a este sitio!	*Don't go to that place!*
¡No tengas miedo!	*Don't be afraid!*

See also the section on the imperative below.

Forming the present subjunctive

To form the present subjunctive you drop the ending of the first person singular of the ordinary present tense (**yo**) and add the following endings:

hablar (*to talk*)	comer (*to eat*)	escribir (*to write*)
hable	coma	escriba
hables	comas	escribas
hable	coma	escriba
hablemos	comamos	escribamos
habléis	comáis	escribáis
hablen	coman	escriban

Note the following common irregular verbs:

estar (*to be*)	dar (*to give*)	ser (*to be*)	ir (*to go*)
esté	dé	sea	vaya
estés	des	seas	vayas
esté	dé	sea	vaya
estemos	demos	seamos	vayamos
estéis	deis	seáis	vayáis
estén	den	sean	vayan

The past subjunctive

You will rarely need this at GCSE but here are some useful expressions you could learn:

Querer (*to want*)	Quisiera ir a España.	*I would like to go to Spain.*
Ser (*to be*)	Si fuera rico iría de viaje.	*If I were rich I would travel.*
Tener (*to have*)	Si tuviera dinero compraría un coche.	*If I had money I would buy a car.*

The imperative

You use the imperative form when giving an order. The informal form (**tú**) is a special form whereas the formal form (**Ud**) is just the present subjunctive.

You will not need to use them often but the most useful verbs are:

	informal	*formal*
ser (*to be*)	¡sé!	¡sea!
tener (*to have*)	¡ten!	¡tenga!
hacer (*to do/make*)	¡haz!	¡haga!
escuchar (*to listen*)	¡escucha!	¡escuche!

¡Sé bueno!	*Be good!*
¡Ten cuidado!	*Be careful!*
¡Haz los deberes!	*Do your homework!*
¡Escucha al profesor!	*Listen to the teacher!*

Verb table

Regular verbs

Only the first person singular of each verb is given as these verbs follow the pattern indicated in the relevant sections of the grammar summary. Small irregularities are shown with an asterisk.

INFINITIVE	PRESENT	FUTURE	PRETERITE	IMPERFECT	PAST PARTICIPLE	ENGLISH
arreglar	arreglo	arreglaré	arreglé	arreglaba	arreglado	to repair / arrange
bajar	bajo	bajaré	bajé	bajaba	bajado	to go down
comprar	compro	compraré	compré	compraba	comprado	to buy
contestar	contesto	contestaré	contesté	contestaba	contestado	to answer
dejar	dejo	dejaré	dejé	dejaba	dejado	to leave (something)
descansar	descanso	descansaré	descansé	descansaba	descansado	to rest
escuchar	escucho	escucharé	escuché	escuchaba	escuchado	to listen
estudiar	estudio	estudiaré	estudié	estudiaba	estudiado	to study
gastar	gasto	gastaré	gasté	gastaba	gastado	to spend (money)
hablar	hablo	hablaré	hablé	hablaba	hablado	to talk
llamar	llamo	llamaré	llamé	llamaba	llamado	to call
llegar	llego	llegaré	llegué*	llegaba	llegado	to arrive
llevar	llevo	llevaré	llevé	llevaba	llevado	to carry / wear
limpiar	limpio	limpiaré	limpié	limpiaba	limpiado	to clean
mandar	mando	mandaré	mandé	mandaba	mandado	to send
pasar	paso	pasaré	pasé	pasaba	pasado	to spend (time)
preguntar	pregunto	preguntaré	pregunté	preguntaba	preguntado	to ask
preparar	preparo	prepararé	preparé	preparaba	preparado	to prepare
quedar	quedo	quedaré	quedé	quedaba	quedado	to stay / remain
tirar	tiro	tiraré	tiré	tiraba	tirado	to pull
tocar	toco	tocaré	toqué*	tocaba	tocado	to play / touch
trabajar	trabajo	trabajaré	trabajé	trabajaba	trabajado	to work
aprender	aprendo	aprenderé	aprendí	aprendía	aprendido	to learn
beber	bebo	beberé	bebí	bebía	bebido	to drink
coger	cojo*	cogeré	cogí	cogía	cogido	to catch
comer	como	comeré	comí	comía	comido	to eat
conocer	conozco*	conoceré	conocí	conocía	conocido	to know (person/place)
creer	creo	creeré	creí	creía	creído	to believe
deber	debo	deberé	debí	debía	debido	to have to
leer	leo	leeré	leí	leía	leído	to read
vender	vendo	venderé	vendí	vendía	vendido	to sell
ver	veo	veré	vi	veía*	visto*	to see
abrir	abro	abriré	abrí	abría	abierto*	to open
decidir	decido	decidiré	decidí	decidía	decidido	to decide
escribir	escribo	escribiré	escribí	escribía	escrito*	to write
subir	subo	subiré	subí	subía	subido	to go up
vivir	vivo	viviré	viví	vivía	vivido	to live

Reflexive verbs

acostarse	me acuesto	me acostaré	me acosté	me acostaba	acostado	to go to bed
afeitarse	me afeito	me afeitaré	me afeité	me afeitaba	afeitado	to shave
bañarse	me baño	me bañaré	me bañé	me bañaba	bañado	to bath / bathe
despertarse	me despierto*	me despertaré	me desperté	me despertaba	despertado	to wake up
ducharse	me ducho	me ducharé	me duché	me duchaba	duchado	to shower
lavarse	me lavo	me lavaré	me lavé	me lavaba	lavado	to wash
levantarse	me levanto	me levantaré	me levanté	me levantaba	levantado	to get up
peinarse	me peino	me peinaré	me peiné	me peinaba	peinado	to comb one's hair
quedarse	me quedo	me quedaré	me quedé	me quedaba	quedado	to stay
reírse	me río	me reiré	me reí	me reía	reído	to laugh

sentarse	me siento*	me sentaré	me senté	me sentaba	sentado	*to sit down*
sentirse	me siento*	me sentiré	me sentí	me sentía	sentido	*to feel*

Irregular verbs

These verbs are written out in full so that you can see exactly where the irregularities occur.

INFINITIVE	PRESENT	FUTURE	PRETERITE	IMPERFECT	PAST PARTICIPLE	ENGLISH
dar	doy	daré	di	daba	dado	*to give*
	das	darás	diste	dabas		
	da	dará	dio	daba		
	damos	daremos	dimos	dábamos		
	dais	dareis	disteis	dabais		
	dan	darán	dieron	daban		
decir	digo	diré	dije	decía	dicho	*to say*
	dices	dirás	dijste	decías		
	dice	dirá	dijo	decía		
	decimos	diremos	dijimos	decíamos		
	decís	diréis	dijisteis	decíais		
	dicen	dirán	dijeron	decían		
estar	estoy	estaré	estuve	estaba	estado	*to be*
	estás	estarás	estuviste	estabas		
	está	estará	estuvo	estaba		
	estamos	estaremos	estuvimos	est ábamos		
	estáis	estaréis	estuvisteis	estabais		
	están	estarán	estuvieron	estaban		
hacer	hago	haré	hice	hacía	hecho	*to do / make*
	haces	harás	hiciste	hacías		
	hace	hará	hizo	hacía		
	hacemos	haremos	hicimos	hacíamos		
	hacéis	haréis	hicisteis	hacíais		
	hacen	harán	hicieron	hacían		
ir	voy	iré	fui	iba	ido	*to go*
	vas	irás	fuiste	ibas		
	va	irá	fue	iba		
	vamos	iremos	fuimos	íbamos		
	vais	ireis	fuisteis	ibais		
	van	irán	fueron	iban		
oír	oigo	oiré	oí	oía	oído	*to hear*
	oyes	oirás	oíste	oías		
	oye	oirá	oyó	oía		
	oímos	oiremos	oímos	oíamos		
	oís	oiréis	oísteis	oíais		
	oyen	oir án	oyeron	oían		
poner	pongo	pondré	puse	ponía	puesto	*to put*
	pones	pondrás	pusiste	ponías		
	pone	pondrá	puso	ponía		
	ponemos	pondremos	pusimos	poníamos		
	ponéis	pondréis	pusisteis	poníais		
	ponen	pondrán	pusieron	ponían		
querer	quiero	querré	quise	quería	querido	*to want / love*
	quieres	querrás	quisiste	querías		
	quiere	querrá	quiso	quería		
	queremos	querremos	quisimos	queríamos		
	queréis	querréis	quisisteis	queríais		
	quieren	querrán	quisieron	querían		

saber	sé	sabré	supe	sabía	sabido	*to know (fact)*
	sabes	sabrás	supiste	sabías		
	sabe	sabrá	supo	sabía		
	sabemos	sabremos	supimos	sabíamos		
	sabéis	sabréis	supisteis	sabíais		
	saben	sabrán	supieron	sabían		
salir	salgo	saldré	salí	salía	salido	*to go out / leave*
	sales	saldrás	saliste	salías		
	sale	saldrá	salió	salía		
	salimos	saldremos	salimos	salíamos		
	salís	saldréis	salisteis	salíais		
	salen	saldrán	salieron	salían		
ser	soy	seré	fui	era	sido	*to be*
	eres	serás	fuiste	eras		
	es	será	fue	era		
	somos	seremos	fuimos	éramos		
	sois	seréis	fuisteis	erais		
	son	serán	fueron	eran		
tener	tengo	tendré	tuve	tenía	tenido	*to have*
	tienes	tendrás	tuviste	tenías		
	tiene	tendrá	tuvo	tenía		
	tenemos	tendremos	tuvimos	teníamos		
	tenéis	tendréis	tuvisteis	teníais		
	tienen	tendrán	tuvieron	tenían		
traer	traigo	traeré	traje	traía	traído	*to bring*
	traes	traerás	trajiste	traías		
	trae	traerá	trajo	traía		
	traemos	traeremos	trajimos	traíamos		
	traéis	traeréis	trajisteis	traíais		
	traen	traerán	trajeron	traían		
venir	vengo	vendré	vine	venía	venido	*to come*
	vienes	vendrás	viniste	venías		
	viene	vendrá	vino	venía		
	venimos	vendremos	vinimos	veníamos		
	venís	vendréis	vinisteis	veníais		
	vienen	vendrán	vinieron	venían		

Stem-changing/Radical-changing verbs

dormir	duermo	dormiré	dormí	dormía	dormido	*to sleep*
	duermes	dormirás	dormiste	dormías		
	duerme	dormirá	durmió	dormía		
	dormimos	dormiremos	dormimos	dormíamos		
	dormís	dormiréis	dormisteis	dormíais		
	duermen	dormirán	durmieron	dormían		
empezar	empiezo	empezaré	empecé	empezaba	empezado	*to begin*
	empiezas	empezarás	empezaste	empezabas		
	empieza	empezará	empezó	empezaba		
	empezamos	empezaremos	empezamos	empezábamos		
	empezáis	empezaréis	empezasteis	empezabais		
	empiezan	empezarán	empezaron	empezaban		
entender	entiendo	entenderé	entendí	entendía	entendido	*to understand*
	entiendes	entenderás	entendiste	entendías		
	entiende	entenderá	entendió	entendía		
	entendemos	entenderemos	entendimos	entendíamos		
	entendéis	entenderéis	entendisteis	entendíais		
	entienden	entenderán	entendieron	entendían		

jugar	juego	jugaré	jugué	jugaba	jugado	*to play*
	juegas	jugarás	jugaste	jugabas		
	juega	jugará	jugó	jugaba		
	jugamos	jugaremos	jugamos	jugábamos		
	jugáis	jugaréis	jugasteis	jugabais		
	juegan	jugarán	jugaron	jugaban		
pensar	pienso	pensaré	pensé	pensaba	pensado	*to think*
	piensas	pensarás	pensaste	pensabas		
	piensa	pensará	pensó	pensaba		
	pensamos	pensaremos	pensamos	pensábamos		
	pensáis	pensaréis	pensasteis	pensabais		
	piensan	pensarán	pensaron	pensaban		
perder	pierdo	perderé	perdí	perdía	perdido	*to lose*
	pierdes	perderás	perdiste	perdías		
	pierde	perderá	perdió	perdía		
	perdemos	perderemos	perdimos	perdíamos		
	perdéis	perderéis	perdisteis	perdíais		
	pierden	perderán	perdieron	perdían		
poder	puedo	podré	pude	podía	podido	*to be able to*
	puedes	podrás	pudiste	podías		
	puede	podrá	pudo	podía		
	podemos	podremos	pudimos	podíamos		
	podéis	podréis	pudisteis	podíais		
	pueden	podrán	pudieron	podían		
preferir	prefiero	preferiré	preferí	prefería	preferido	*to prefer*
	prefieres	preferirás	preferiste	preferías		
	prefiere	preferirá	prefirió	prefería		
	preferimos	preferiremos	preferimos	preferíamos		
	preferís	preferiréis	preferisteis	preferíais		
	prefieren	preferirán	prefirieron	preferían		
probar	pruebo	probaré	probé	probaba	probado	*to try*
	pruebas	probarás	probaste	probabas		
	prueba	probará	probó	probaba		
	probamos	probaremos	probamos	probábamos		
	probáis	probaréis	probasteis	probabais		
	prueban	probarán	probaron	probaban		
volver	vuelvo	volveré	volví	volvía	vuelto	*to return*
	vuelves	volverás	volviste	volvías		
	vuelve	volverá	volvió	volvía		
	volvemos	volveremos	volvimos	volvíamos		
	volvéis	volveréis	volvisteis	volvíais		
	vuelven	volverán	volvieron	volvían		

Cassette transcript

1 ¡Mucho gusto!

Página 13 Actividad 1 B

– Me llamo Pedro Izquierdo Martínez. Tengo quince años. Vivo en la calle Almirante número 30 de Madrid. Mi número de teléfono es 707 88 43.

Página 13 Actividad 2 A

– ¡Hola! Me llamo Narci, soy una chica española y tengo quince años. Tengo una familia bastante grande. Hay siete personas en total, es decir, mi madre y mi padre, mis tres hermanos, mi hermana y yo. Y, por cierto, también tenemos un gato que se llama César.

Página 13 Actividad 2B

– Mi madre es muy guapa. Tiene el pelo moreno y rizado y los ojos marrones. Mi padre tiene el pelo gris y los ojos azules, como mi hermana. Ella también es muy guapa con el pelo rubio muy largo y los ojos de mi padre. Yo, por otra parte, me parezco más a mi madre.

Página 14 Actividad 4

– ¡Hola! Me llamo Pilar. Tengo dieciocho años y también busco un chico simpático. Soy morena pero tengo los ojos verdes. Dicen que soy inteligente y simpática.

– ¡Hola! Me llamo Carmen. Soy una chica sociable de diecinueve años. Soy estudiante. Además de ser rubia, tengo los ojos azules. Yo también busco novio para salir con él y pasarlo bien.

– ¡Hola! Me llamo Ana. Tengo dieciséis años. Soy una chica rubia y tengo los ojos verdes. Soy bastante tímida pero creo también que soy bastante cariñosa.

Página 15 Actividad 6

– Soy estudiante y tengo diecinueve años. En el futuro me gustaría mucho ganar un montón de dinero para poder comprar todo lo que quiera. Claro, hace falta un trabajo que me interese y que tenga un buen sueldo.

– Tengo diecinueve años y soy estudiante. Siempre he soñado con casarme y tener hijos. Pero antes hace falta encontrar un buen trabajo.

– Soy estudiante y tengo dieciocho años. Yo desde pequeño sueño con grabar discos y ser famoso. Me gustaría aprender a tocar más instrumentos.

– Tengo dieciocho años y soy estudiante. A veces pienso que me gustaría viajar durante muchos años. También me gustaría comprar una casa. Quizá sería mejor empezar encontrando un buen trabajo.

– Tengo dieciocho años y soy estudiante. Soy bastante ambicioso y me gustaría tener un trabajo importante, viajar y tener una familia. Claro, me gustaría tener la energía para todo esto. Como decimos en España: 'Salud, amor y dinero'.

Página 17 Actividad 13

– Y ahora, pasamos a la carta de unos jóvenes oyentes. Nos escriben Manuel y Ramón y dicen:

– Somos dos hermanos de 13 y 15 años y le escribimos para ver si usted puede ayudarnos. La cuestión es que nuestros padres son muy buenos con nosotros, pero demasiado estrictos, tanto que nunca nos dejan ver la televisión, ni siquiera los fines de semana. Si alguna vez nos descubren viéndola a escondidas, nos castigan. En el colegio, cuando algún profesor nos pide que demos nuestra opinión sobre un programa, tenemos que hacerlo a través de lo que nos cuentan los compañeros de clase. Nosotros no creemos que ver la televisión sea tan malo. Usted ¿qué opina? Muchas gracias.

2 El tiempo libre

Página 21 Actividad 1 A

María Luisa: ¡Hola! Soy María Luisa. Soy una chica sociable y me encanta salir con mis amigos. A menudo vamos al cine porque nos encantan las películas.

Nacho: Me llamo Nacho. Dicen que soy un chico bastante serio ya que me gusta leer y a menudo voy a la biblioteca. También me interesa mucho la historia y me encanta ir a museos.

Javier: ¡Hola! Soy Javier. Soy un chico deportista y paso mucho tiempo haciendo deporte. Como tengo tanta energía, por las noches salgo con mis amigos a las discotecas donde me encanta pasar un buen rato bailando.

Pilar: ¡Hola! Me llamo Pilar. A mí me gusta más quedarme en casa cuando tengo tiempo libre. Me gusta la música y toco la flauta. También tengo una gran colección de sellos.

Página 21 Actividad 2

María Luisa: A mí me gustan los deportes aunque no soy muy deportista. Prefiero verlos en la tele. Me encanta ver tenis porque en España tenemos buenos tenistas. Yo no juego al tenis, pero a veces hago natación, quizá una vez a la semana.

Nacho: A mí me gusta un buen partido de fútbol o de baloncesto. Soy miembro de un equipo de baloncesto y jugamos dos o tres veces a la semana.

Javier: Como ya he dicho, soy muy deportista. Me encantan todos los deportes. Juego al fútbol y al tenis cuatro veces a la semana. También hago natación dos veces a la semana. En invierno me gusta mucho hacer esquí.

Pilar: Yo no soy muy deportista. No me gusta ver los deportes en la tele y no practico ningún deporte. Bueno, hago un poco de gimnasia todos los días, pero en casa, claro.

Página 21 Actividad 3

a Para mí, la peor película es «El detective y la muerte». La verdad es que es muy mala.

b La película «Rojo» no es nada especial pero tampoco es mala. Es una película regular.

c En mi opinión la mejor película ha sido «Mentiras arriesgadas».

d «Forrest Gump» ha sido una película muy popular y según mis compañeros muy buena. Pero a mí no me entusiasma mucho.

e De las diez películas sólo tres me parecen de verdad muy buenas.

f A mí me han encantado todas las películas.

g Me pregunto si la película «Cuatro bodas y un funeral» es de verdad tan buena como dicen. No estoy de acuerdo con los demás.

h De todas las películas sólo hay una que no me gustó, pero tampoco era mala.

Página 26 Actividad 13

– El jueves día 16 fui con mis amigos al concierto de REM en Madrid. Cogimos el autobús desde las afueras de la ciudad pero había mucho tráfico. Llegamos bastante tarde y ya había mucha gente. Tuvimos que hacer cola para poder entrar en el estadio.

Tuvimos un problema en taquilla porque no encontré mi entrada. Afortunadamente me dejaron entrar. El público estaba muy animado, bailando y cantando las canciones.

El grupo también estaba muy animado. Llevaban unas camisetas muy bonitas. Tocaron muy bien los instrumentos e hicieron una actuación fenomenal. Me encantó el concierto. La música estaba un poco alta pero me gustó mucho el ambiente.

3 En casa

Página 29 Actividad 1 A

1 ¡Hola! Soy Sole. Vivo en el tercer piso de un edificio moderno en el centro de la ciudad.

2 ¡Hola! Soy Miguel. Vivo en un chalet adosado en una urbanizacón a las afueras de la ciudad.

3 ¡Hola! Soy Sergio. Vivo en una casa individual y moderna en el campo cerca de Madrid.

4 ¡Hola! Soy Ana. Vivo en un piso pequeño en la octava planta en un barrio de Madrid.

5 ¡Hola! Soy Paloma. Vivo en una casa antigua en una finca a unos treinta kilómetros de Madrid.

Página 29 Actividad 2

Sole: Pues mira, yo vivo en un piso bastante grande. Tenemos tres dormitorios, cada uno con su cuarto de baño. Mi dormitorio está al lado del dormitorio de mis padres. Además de un salón enorme hay un comedor al lado de la cocina. Como vivimos en el centro no hay jardín pero tenemos una terraza grande. Lo bueno es que también hay aparcamiento en el garaje del edificio.

Página 30 Actividad 4 A

José María: Aunque vivimos en una casa bastante pequeña, está bien amueblada. En el salón hay un sofá y dos sillones con la mesita en el medio. En el comedor hay una mesa redonda con cuatro sillas. El televisor está en el comedor así podemos ver la tele mientras comemos. En la cocina no hay mesa pero hay una nevera muy grande.

En total hay tres dormitorios pero uno sirve de estudio. Aquí tenemos un escritorio grande y un sillón para leer. También hay estanterías para los libros. En el primer dormitorio hay una cama doble con dos mesillas de noche. También hay un armario. En el

segundo dormitorio hay dos camas individuales, un armario y una mesa cuadrada con dos sillas.

Página 31 Actividad 6 B

– Oye, hijo, que tengo tanto que hacer antes de que vengan los abuelos que agradecería un poquito de ayuda. Quizá tu amigo y tú podéis echarme una mano, ¿no? Bueno, antes de todo hace falta fregar los platos y luego hacer las camas. Mira si hay ropa sucia que lavar, seguro que sí, y ponla en la lavadora. También si podéis salir al mercado que tengo una lista preparada. Y luego si os queda un momentito, pues, la moqueta está muy sucia...

Página 33 Actividad 10 A

– Mira, yo normalmente me levanto sobre las siete pero a veces pueden ser las siete y cuarto. Eso depende. Suelo ducharme antes de tomar el desayuno, es decir como alrededor de las ocho. Cojo el metro para ir al colegio y normalmente tengo que irme a las ocho y media.

Vuelvo a casa a las cinco y media pero depende de las clases que tenga. A veces vuelvo más tarde, o sea a las seis. Ya sabes que en España se come bastante tarde, así que cenamos a las diez o a las diez y media. Luego nos quedamos a charlar un rato. No suelo acostarme antes de las doce.

Página 34 Actividad 14

Jesús: Mira, Arantxa, tú sabes muy bien que yo preferiría vivir en una casa porque me gusta la idea de tener más de una planta y además me gustaría mucho tener un jardín para cultivar flores.

Arantxa: Sí, pero lo que pasa es que no has pensado en el trabajo que cuesta mantener una casa mientras que un piso no necesita mucho mantenimiento. Para limpiarlo resulta mucho más fácil.

Jesús: Sí, pero yo pienso también en la cuestión de los vecinos. Si vamos a vivir en un piso pues ya sabes que tendremos que contar con los vecinos, o sea, va a haber mucho ruido. Yo prefiero de verdad tener un poco de tranquilidad.

Arantxa: Pero este piso que hemos visto esta mañana me parece muy tranquilo. Sólo tendríamos un vecino al lado y como está en la última planta no tendríamos vecinos arriba. Además cuenta con una terraza muy grande así que puedes cultivar flores.

Jesús: Ya, pero también tienes que pensar que este piso es muy antiguo y vamos a necesitar hacer obras. La casa que acabamos de ver, por otro lado, es muy moderna y está dotada de una cocina muy práctica. Además tiene un garaje mientras que con el piso tendríamos que dejar el coche en la calle. Y de todas formas, esta casa no cuesta tanto como el piso porque no está en el centro de la ciudad.

Arantxa: Lo que pasa es que con el piso no necesitamos coche ya que los dos podemos ir al trabajo en metro. La casa, por otro lado, está en las afueras de la ciudad y tendríamos que hacer ese viaje de una hora todos los días para ir al trabajo.

4 ¿Dónde vives?

Página 37 Actividad 1 C

– Dicen que en España siempre hace sol pero no es verdad. España tiene un clima bastante variado y hay muchas diferencias entre el norte del país y el sur.

El norte del país tiene un clima más húmedo. Durante el invierno hace bastante frío y llueve a menudo. Hace viento y a veces hay tormentas. En verano, por otra parte, hace mejor tiempo. Hace calor y hace sol pero no tanto como en el sur de España.

El sur del país tiene un clima suave y seco en invierno. No hace frío y casi nunca llueve. En verano no hay variedad. Hace muchísimo sol y las temperaturas son muy altas.

Página 38 Actividad 3 A

1 ¡Hola! Me llamo Clara. Vivo en un pueblo en las afueras de Valencia. Es un pueblo pequeño y no hay mucho. Tenemos un bar y un restaurante, un colegio con el parque detrás, y una gasolinera. Claro, también hay una iglesia.

2 ¡Hola! Soy Jorge. Yo vivo en las afueras de Madrid en el barrio de Delicias. Aquí tenemos todo lo que nos hace falta, por ejemplo hay una oficina de Correos, un supermercado, una biblioteca y varios bares y restaurantes.

3 ¡Hola! Yo soy Alfonsa y vivo en el campo a unos cincuenta kilómetros de la gran ciudad. Claro, no hay mucho, sólo una iglesia y una tienda de alimentación pequeña. Faltan cosas como bares, más tiendas. Debería haber más tiendas y una gasolinera.

4 ¡Hola! Me llamo Eduardo. Vivo en el centro de Zaragoza y no falta nada. Hay tiendas, restaurantes, muchísimos bares, varios colegios y unos parques preciosos. Lo que falta es una oficina de Correos cerca de mi casa. Debería haber más oficinas de Correos en el centro.

Página 39 Actividad 4 A

1 En Benidorm hay menos bares y restaurantes que en Lugo.
2 En Lugo hay menos terrazas que en Benidorm.
3 En Lugo hay más oportunidades para compras y visitas que en Benidorm.
4 En Benidorm hay más hoteles que en Lugo.
5 En Benidorm hay más parques que en Lugo.
6 Benidorm es una ciudad más antigua que Lugo.
7 Benidorm está más cerca del mar que Lugo.
8 Lugo es una ciudad más cultural que Benidorm.

Página 39 Actividad 5 A

1 – Perdone, ¿por dónde se va a Correos?
   – Siga todo recto y tome la primera a la derecha.

2 – Perdone, ¿por dónde se va al museo?
   – Tome la primera a la izquierda, siga todo recto y luego la tercera a la derecha.

3 – Perdone, ¿hay una parada de autobuses por aquí?
   – Claro, tome la segunda a la derecha y baje la calle.

4 – Perdone, ¿dónde está el supermercado?
   – Tome la primera a la izquierda y luego la segunda a la derecha y baje la calle hasta el final.

5 – Perdone, ¿por dónde se va a la farmacia?
   – Siga todo recto hasta la plaza mayor y cruce la plaza.

6 – Perdone, ¿hay un buen restaurante por aquí?
   – Sí, siga todo recto, tome la segunda a la izquierda y luego la segunda a la derecha. Está a la izquierda.

7 – Perdone, ¿por dónde se va al Hotel Goya?
   – Tome la primera a la derecha aquí y suba la calle. Está a la derecha.

Página 42 Actividad 10

– Yo he vivido toda mi vida en el campo y la idea de vivir en una gran ciudad me parece espantosa. Aquí en el campo se respira aire puro ya que estamos lejos de la contaminación de las ciudades. De hecho, por aquí no pasa mucho tráfico y me encantan la tranquilidad y la paz que tenemos aquí. También me gusta la idea de poder comer verduras de mi propio jardín lo cual en una ciudad sería imposible. Además, aquí tengo mi casa, mi propio espacio y no un piso de pocos metros cuadrados donde me sentiría muy mal.

5 El colegio

Página 45 Actividad 1

Jaime: Pues, estudio matemáticas, química, física, un idioma moderno, es decir inglés, lengua española, dibujo, formación religiosa, historia y geografía.

En general me gustan las asignaturas aunque en algunas no me va muy bien. Me gustan las matemáticas porque yo creo que necesitamos las matemáticas todos los días. Por otra parte, no me gusta mucho la geografía porque aunque pueda ser útil, a mí no me resulta muy fácil y me cuesta bastante trabajo. El inglés me encanta porque me gusta la idea de poder visitar otros países, entender a la gente y ver cómo viven. La historia para mí es un desastre. El problema es que tienes que pasar mucho tiempo leyendo y aprendiendo hechos. Prefiero algo más práctico.

Página 46 Actividad 2

Jaime: Me llevo bien con el profesor de inglés. Tiene mucho sentido del humor y siempre hace que las clases sean divertidas con muchas actividades variadas.

Aunque no me gusta mucho la geografía, reconozco que tenemos una buena profesora. Prepara muy bien sus clases y enseña muy bien. Si hay algo que no entendemos siempre lo explica.

El profesor de matemáticas es bastante serio y no nos deja ni un minuto de descanso. Tenemos que hacer muchos ejercicios en la clase y siempre nos da muchos deberes.

La profesora de química es muy desagradable. Es severa y tiene muy poca paciencia. Lo que pasa es que grita mucho y sus clases son un desastre. Tenemos que escribir mucho y nunca hacemos nada interesante.

Página 46 Actividad 4

Directora: Yo diría que en general Jaime es un buen alumno aunque podría mejorar en algunas asignaturas. En matemáticas trabaja mucho. Es su mejor asignatura. En ciencias naturales, es decir química y física, trabaja de manera satisfactoria. Sus notas en lengua española son muy buenas. En inglés saca notas buenas sin más. En historia, pues no hace ningún esfuerzo y trabaja poco. Tiene que recuperar urgentemente. La profesora de geografía no está contenta con Jaime. Saca notas muy malas y tiene que recuperar urgentemente. Con educación física no tiene ningún problema. En esta asignatura va muy bien.

Página 49 Actividad 8

– Por la mañana las clases empiezan a las ocho y media y tenemos seis clases al día. Cada una dura una hora aunque a veces terminamos antes. Tenemos dos recreos al día. El primer recreo después de la segunda clase empieza a las diez y media. El segundo recreo, claro, es cuando comemos y para eso tenemos dos horas y media. El día escolar termina a las cinco y media pero depende un poco de las clases que tenemos.

El día que más prefiero es el jueves porque tenemos clase de informática a las nueve y media y después una hora de matemáticas a las once. Éstas son mis asignaturas preferidas.

Página 50 Actividad 10 A

– Yo creo que en nuestro instituto no hay tantas normas como por ejemplo en un instituto inglés. Aquí los estudiantes estamos menos restringidos en lo que podemos hacer o no hacer. Por ejemplo, aquí nos dejan fumar. Se puede fumar en el instituto incluso en algunas clases si los profesores nos dan el permiso de fumar durante su clase.

No tenemos que llevar uniforme y no hay normas sobre la ropa que llevamos. Pero sí tenemos que ser puntuales. Hay que llegar a clase a la hora indicada porque a veces no te dejan entrar si llegas tarde. Estoy de acuerdo con esta norma porque molesta mucho cuando hay gente que entra tarde cuando ya ha empezado la clase.

Durante las clases no se puede comer aunque con los chicles y los caramelos no hay problema. Tampoco se puede hablar mientras habla el profesor. Quizá la norma más importante es que hay que aprobar los exámenes al final del año para poder pasar al año siguiente. No se puede suspender asignaturas.

6 El trabajo

Página 53 Actividad 1

– Mi madre es médica. Trabaja en un hospital pero también tiene un consultorio privado.

– Mi padre es profesor. Es profesor de idiomas en un instituto cerca de nuestra casa.

– Mi tío es mecánico. Le encanta su trabajo porque le gustan muchísimo los coches.

– Mi prima es secretaria de una empresa de telecomunicaciones. Le gusta su trabajo porque dice que es interesante y que le pagan bien.

Página 53 Actividad 2

– ¡Hola! Soy Mariano y tengo treinta y seis años. Soy mecánico desde hace dieciocho años. Me encanta este trabajo porque los coches son mi pasatiempo favorito. Me encanta arreglar coches de todas las marcas.

– ¡Hola! Buenos días. Me llamo Carmen y soy médica desde hace unos veinte años. A pesar de que a veces tengo un trabajo difícil, me encanta mi profesión porque yo creo que es un trabajo útil. Me gusta poder ayudar a la gente y solucionar sus problemas de salud.

Página 57 Actividad 10 B

Entrevista con Ana María

Jefe: Buenos días, Ana María. Gracias por su curriculum y la carta de solicitud. Nos gustaría hacerle algunas preguntas. De hecho, ¿por qué quiere Vd trabajar de secretaria en esta empresa de zapatillas de deporte?

Ana María: Pues mire, la verdad es que soy una persona muy práctica y como vivo cerca de aquí y que el horario conviene al horario que tenemos en mi familia, pues me resultó una oportunidad única.

Jefe: ¿Qué formación tiene Vd?

Ana María: Después de mis estudios escolares, como no quería ir a la universidad, hice un año de formación profesional.

Jefe: Y ¿qué experiencia tiene?

Ana María: He tenido muchos puestos pero ningún puesto fijo. Como tengo hijos no me resultó oportuno tener un trabajo fijo pero sí trabajé de suplente en al menos tres empresas.

Jefe: ¿Qué cualidades tiene Vd para este puesto, entonces?

Ana María: Pues yo creo que a pesar de que nunca he tenido la oportunidad de trabajar a largo plazo en una empresa, soy una persona con mucha ambición y yo creo que tengo la imaginación necesaria para hacer un buen trabajo aquí.

Entrevista con Paloma

Jefe: Buenos días, Paloma. Gracias por haber mandado su curriculum y su carta de solicitud que por cierto nos gustó mucho. ¿Podría decirnos por qué quiere Vd trabajar de secretaria en esta empresa?

Paloma: Desde que decidí acercarme a esta ciudad y vivir aquí, he estado buscando empleo. De todos los anuncios que vi, su anuncio me atrajo en seguida. El anuncio daba una imagen de una empresa moderna y eficiente y el puesto de secretaria en concreto parece muy interesante.

Jefe: ¿Qué formación tiene Vd?

Paloma: Hice formación de secretariado durante dos años. Durante este tiempo tuvimos que estudiar un idioma moderno, en mi caso el inglés, para obener el diploma.

Jefe: ¿Qué experiencia tiene?

Paloma: Mi primer puesto fue en una empresa muy grande en Barcelona. Yo era secretaria del gerente del departamento de marketing. También tuve que hacer traducciones de inglés a español.

Jefe: ¿Qué cualidades tiene Vd para este puesto?

Paloma: He aprendido que para hacer bien mi trabajo hace falta una actitud positiva en todas las situaciones. Una secretaria tiene que asumir muchas responsabilidades y hacer su trabajo tomando la iniciativa.

7 ¡Buen viaje!

Página 61 Actividad 1

1 El padre: Mira, yo este año quiero variar de lo habitual. No quiero vacaciones al sol sino vacaciones en la nieve. Me gustaría ir a esquiar.

2 Rafael: Pues, yo me quedo con la playa. Prefiero ir de vacaciones durante el verano y con el calor que hace, donde mejor se está es en la playa.

3 Ramón: Montaña o playa, a mí me da igual a condición de que podamos hacer camping y quedarnos al aire libre.

4 Rosa: Todo esto no me parece muy interesante. Me gustaría conocer más ciudades de España. Córdoba, Sevilla, Granada – me gustaría visitar estas ciudades, visitar los museos.

5 La madre: Nada de eso, ya veo que no vamos a ponernos de acuerdo. Lo que yo quiero es irme a un hotel donde haya oportunidades para hacer deporte. Me apetece hacer natación, equitación y jugar al tenis todos los días.

Página 61 Actividad 3 A

1 – ¿A usted cómo le gusta viajar cuando va de vacaciones y qué tipo de alojamiento prefiere?
   – Cuando voy de vacaciones me gusta viajar en tren, pero prefiero viajar en avión porque es más cómodo. Por la misma razón prefiero quedarme en un hotel porque yo no puedo sin cuarto de baño privado.

2 – ¿Está usted de acuerdo?
   – Pues no. Como siempre voy de vacaciones por España, no veo la necesidad de tomar un avión. Siempre voy en coche y esto me resulta más práctico porque me gusta hacer camping.

3 – ¿Cómo le gusta viajar a usted y qué tipo de alojamiento prefiere?
   – Bueno, antes de todo no me gusta viajar. Pero si hace falta, prefiero coger el tren, especialmente el tren nocturno, así puedo dormir. En cuanto al alojamiento, pues lo más práctico me parece alquilar un apartamento, así hago lo que quiero.

4 – ¿Y usted?
   – Siempre hago viajes muy largos. Por ejemplo, voy a menudo a América del Sur. Ya ve que no tengo más remedio que tomar un avión si quiero llegar a mi destino. Aunque prefiero hacer camping, me veo obligada a quedarme en hoteles ya que lo organizan todo las agencias de viaje.

Página 64 Actividad 9

A

A: Buenos días. ¿A qué hora sale el próximo tren para Madrid, por favor?
B: Sale a las nueve y treinta.
A: Muy bien. Deme un billete de segunda clase, por favor.
B: ¿De ida sólo?
A: No. De ida y vuelta.
B: Bueno, son dieciséis euros.
A: Oiga, quiero un asiento de fumadores.
B: Muy bien, no hay problema.

B

A: Buenas tardes. ¿Hay trenes para Valencia hoy?
B: Sí, claro. Hay trenes a las diez y cuarto, a la una en punto y luego a las seis y cinco de la tarde.
A: Vale, ¿puedo reservar un asiento para el tren de la una, por favor?
B: Sí, ¿primera o segunda clase?
A: ¿Cuánto vale la primera?
B: Veinticinco euros.
A: Pues entonces la segunda, por favor.

C

A: Buenos días, quisiera viajar a Sevilla esta tarde, por favor.
B: No hay un tren directo hasta mañana, pero si quiere, puede ir vía Córdoba.
A: ¿Así que tengo que hacer transbordo en Córdoba?
B: Eso es. El tren para Córdoba sale a las cinco y cuarto del andén número once.

Página 65 Actividad 12

A: Mira, ¡qué vuelo! Nunca lo he pasado tan mal. Fíjate que hubo un retraso de tres horas.
B: Lo que es peor es que había fumadores en los asientos de no fumadores y ya sabes que no aguanto el tabaco.
A: Y de la comida no vamos a hablar. No sabía a nada y además estaba fría.
B: Y como si fuera poco, el servicio a bordo estaba fatal. Las azafatas no tenían la información adecuada para los pasajeros que tenían que conectar con otro vuelo.
A: Y para colmo, hubo otro retraso en sacar el equipaje del avión. ¡Menudo viaje, eso digo yo!

8 Todo bajo el sol

Página 69 Actividad 2 A

– Y ahora el pronóstico del tiempo para mañana. En toda España va a hacer buen tiempo menos en el noroeste, es decir, La Coruña, donde va a hacer frío y va a llover. Pasando al noreste, en Barcelona va a estar nublado pero no va a llover. Bajando al sureste, en Alicante va a hacer calor y mucho sol, así como en Sevilla donde las temperaturas alcanzarán los treinta grados. En Cáceres va a estar despejado pero va a hacer viento. En el centro de España, sobre todo en Madrid, va a haber buen tiempo y calor, pero por la noche habrá tormenta.

Página 69 Actividad 2 B

– Pasamos ya al pronóstico del tiempo para la semana en la comunidad de Madrid donde a principios de semana las temperaturas no superarán los quince grados. Esto constituye un descenso de diez grados comparado con la semana pasada. También veremos unas gotas de lluvia y la mayoría del tiempo, cielos nublados. El miércoles veremos un cambio agradable, es decir, las temperaturas subirán y alcanzarán los veinticinco grados. Habrá mucho más sol aunque el jueves soplarán vientos flojos por la tarde. El fin de semana parece bastante prometedor con cielos despejados y temperaturas máximas de treinta grados.

Página 70 Actividad 4

Camarero: Hola, buenas, ¿qué van a tomar?
Chico: Pues para mí, una cerveza y unas aceitunas, por favor.
Chica: Y para mí, un vino blanco, por favor. ¿Qué tapas tiene?
Camarero: Bueno, pues hay tortilla, jamón serrano, anchoas fritas, y claro, aceitunas y patatas fritas.
Chica: Me apetece una ración de jamón serrano, por favor. ¿Nos trae también una botella de agua mineral sin gas, por favor?
Camarero: En seguida.

Chico: Eso es lo que me gusta de los bares aquí en España. Si tienes hambre, puedes comer a cualquier hora del día.
Chica: Claro, y además la comida es muy buena.

Página 71 Actividad 7

1 *Cliente:* Buenos días, quisiera reservar una mesa cerca de la ventana para las ocho, por favor.
   Camarero: Muy bien, ¿cuál es el apellido?
   Cliente: García Montalbán.

2 *Clienta:* Buenos días, ¿tiene una mesa libre para las nueve hoy?
Camarero: Sí, señora. ¿Dónde quiere la mesa?
Clienta: Pues cerca de la entrada si es posible. Me llamo Rosa Jiménez Sierra.

3 *Cliente:* Buenas tardes, ¿puedo reservar una mesa pero lejos de los servicios?
Camarero: Sí, señor. ¿A qué hora?
Cliente: A las diez y media. Me llamo Roberto García López.

4 *Clienta:* Hola, ¿puedo reservar una mesa en la terraza al sol, por favor?
Camarero: No hay problema. ¿Qué apellido pongo?
Clienta: Pérez Solana. Quiero la reserva para las ocho y media.

5 *Cliente:* Buenos días, quisiera reservar una mesa para las dos, por favor.
Camarero: Sólo queda una mesa en la terraza a la sombra.
Cliente: Muy bien. Me llamo Martínez Sánchez.

6 *Clienta:* Hola, ¿hay una mesa libre para esta noche?
Camarero: Sí, señorita, pero sólo queda una mesa en un rincón cerca de los servicios.
Clienta: No pasa nada, está muy bien. Ponga el nombre de González Soria para las nueve.

Página 73 Actividad 13 A

1 El hotel nos encantó, desde el confort de las habitaciones hasta el jardín donde podían jugar los niños y el perro.

2 Aunque bonito y bastante tranquilo, el hotel nos decepcionó en cuanto a las instalaciones en general, y sobre todo los aseos.

3 Como nos fuimos de vacaciones queriendo descansar, el ambiente tranquilo del hotel no nos decepcionó.

4 Este hotel no era adecuado para nosotros puesto que siempre viajamos con la abuela, y como ya es muy mayor y está en una silla de ruedas, pues no había ascensor o rampa adecuada.

5 Pues todo muy bien en este hotel... bastante tranquilo... bastante bonito, pero en cuanto a la comida, pues bastante desastrosa diría yo.

6 Me encantó el hecho de que no hacía falta bajar hasta el bar para tomarse una bebida ya que en las habitaciones tenían de todo.

7 El hotel nos encantó en muchos aspectos pero hace falta mencionar lo bonito que era, sobre todo el interior.

8 A veces dónde dejar el coche era un problema, y aunque había aparcamiento, no nos pareció muy seguro. Eso del coche nos preocupó bastante.

9 Comprar y comer

Página 77 Actividad 1 A

1 A mí me gusta comer todo lo que es pescado, mariscos...
2 Pues yo prefiero la carne.
3 A mí también me gusta la carne y el pescado pero no podría vivir sin verdura fresca... los tomates, los pimientos...¡Qué rico!
4 Yo como de todo, pero el postre no me lo pierdo. Me encantan los dulces.

Página 77 Actividad 2 A

Bueno, hoy como somos cinco para comer necesito comprar dos barras de pan, cinco chuletas de cerdo y unos filetes de ternera para la cena. Luego, para la paella de mañana, necesito comprar ya los mariscos porque mañana el supermercado va a estar cerrado. Luego nos hacen falta manzanas y naranjas. También me parece que estamos casi sin café y azúcar. Y casi se me olvida... como viene la abuela a tomar el café, mejor que compre unas galletas y unos pasteles.

Página 78 Actividad 3

Hoy en el supermercado Mercadona les ofrecemos queso de Zamora por 5,95 euros el kilo en vez de 7 euros, y jamón cocido por 5 euros el kilo en vez de 5,50 euros. También en oferta están los productos congelados Pescanova con los filetes de merluza sin piel por 3,80 euros el kilo en vez de 4,25 euros. No se pierdan el chorizo La Hoguera por 1,75 euros el kilo en vez de 2,25 euros. El helado de chocolate La Cremería por 1,35 euros en vez de 1,55 euros es una oferta que no se pueden perder. Si desean un buen Rioja, las botellas Banda Azul están en oferta por 1,60 euros en vez de 1,90 euros y les ofrecemos seis botellas de cerveza el Águila por 1,05 euros en vez de 1,50 euros.

Página 78 Actividad 4

1 *Dependienta:* Buenos días, ¿qué desea?
Cliente: Deme un kilo de naranjas, por favor.
Dependienta: ¿Algo más?
Cliente: No, gracias. ¿Cuánto es?
Dependienta: Un euro.

2 *Cliente:* Buenos días, ¿tiene queso gallego, por favor?
Dependienta: Lo siento, no queda, pero tenemos un buen queso manchego.
Cliente: Vale, deme medio kilo de queso manchego entonces.
Dependienta: Son tres euros veinticinco céntimos, por favor.
Cliente: Aquí tiene.

3 *Dependienta:* Buenos días, ¿qué desea?
Cliente: Necesito unas chuletas de cordero, ¿cuánto valen el kilo?
Dependienta: Las chuletas de cordero valen once euros el kilo.
Cliente: Bueno, deme seis chuletas, por favor.
Dependienta: Son cuatro euros veinticinco céntimos en total.

4 *Clienta:* Buenos días, quisiera doscientos cincuenta gramos de café, por favor.
Dependienta: Tenemos café español o café holandés.
Clienta: ¿Cuál es más barato?
Dependienta: Pues, el café español vale un euro cincuenta céntimos el paquete, y el café holandés un poquito más, es decir, un euro cincuenta y cinco céntimos.
Clienta: Deme dos paquetes de café español, por favor.
Dependienta: Pues, son tres euros.

Página 81 Actividad 10

1 Yo de verdad soy una auténtica fanática de la moda. Para ir al trabajo no me esfuerzo mucho, pero durante mi tiempo libre y para salir, me visto con mucho cuidado. Me encanta la ropa de marca, es decir, un vestido de Chanel, un traje de Armani y claro, los zapatos de Loewe.

2 Me gusta ir vestido de manera muy informal. Suelo llevar vaqueros, negros o azules, camisetas o camisas, y en invierno,

claro, un jersey de lana. Suelo elegir colores bastante discretos. ¡No me gusta dar la nota!

3 Yo como trabajo muchas horas y siempre tengo que ir vestido de manera muy formal, me gusta llegar a casa y ponerme cómodo. Suelo llevar un chándal en casa con unas zapatillas de deporte. Para salir, por ejemplo a una discoteca, me pongo unos vaqueros y una camisa blanca.

Página 82 Actividad 14

1 Caballeros, durante toda la semana hay rebajas en la sección de confección de caballeros en la cuarta planta. Tenemos ofertas especiales en todas las camisas de marca con descuentos hasta el cincuenta por ciento. No se pierden esta oportunidad única para comprarse ropa de marca a precios muy interesantes.

2 Señoras, visiten la zapatería en la segunda planta donde encontrarán ofertas muy interesantes en todos los zapatos de temporada. Botas rebajadas de cincuenta euros a veinticinco euros, zapatos de charol rebajados de cuarenta y tres euros a veinticinco euros.... y más ofertas hasta el sábado que viene.

3 Señoras, no olviden la promoción especial de perfumería en la sección de confección de señoras. Con la compra de un vestido de más de veinticinco euros, recibirá de regalo su perfume preferido. Oferta válida hoy y mañana, así que visiten la sección de confección de señoras en la tercera planta.

4 Señoras y caballeros, no dejen de visitar la peletería en la planta baja donde encontrarán grandes reducciones en todos los artículos de piel – cinturones por menos de quince euros, bolsos por menos de veinticinco euros, maletas de piel por menos de cuarenta euros – grandes rebajas en nuestros artículos de piel durante toda la semana.

10 La salud y el bienestar

Página 85 Actividad 1

1 ¡Estoy mal! Me duele la garganta.
2 ¡Qué dolor! Me duelen las muelas.
3 ¡Estoy enfermo! Tengo un dolor de estómago increíble.
4 ¡Me siento mal! Me duele mucho la cabeza.
5 Me duelen los oídos.
6 Me duele la nariz.

Página 85 Actividad 2

Antes de poner la música, escuchad otra vez las instrucciones. Con las manos vamos a tocarnos las rodillas dos veces y después de la misma manera los pies, pero tres veces. Luego empezamos a saltar, levantando una pierna tras otra y levantando los brazos por encima de la cabeza. ¿Ya? Pues empezamos...

Página 85 Actividad 3

1 Hola, amigos. Mirad cómo me encuentro. Me he roto el brazo mientras jugaba al tenis. ¿Y a ti, qué te ha pasado?

2 Pues, me he cortado la rodilla mientras jugaba al fútbol. Pero mira Pedro, ¡qué quemadura!

3 Pues sí, me he quemado mientras cocinaba.

4 Eso no es nada. Yo me he torcido el tobillo mientras hacía equitación y me duele muchísimo.

Página 87 Actividad 7

1 *Médico:* Bueno entonces, ¿qué le pasa?
Paciente: Tengo un dolor muy fuerte en el estómago.
Médico: A ver... Es una indigestión.
Paciente: ¿Es grave?
Médico: No, no, se le pasará en seguida. Pero tiene que tomar un jarabe durante tres días. Aquí tiene la receta.
Paciente: ¿Tengo que volver a verle?
Médico: No es necesario.

2 *Médico:* Buenos días. ¿Cómo puedo ayudarle?
Paciente: Tengo fiebre y me duele mucho la garganta.
Médico: ¿Desde cuándo tiene fiebre?
Paciente: Desde anoche.
Médico: Usted tiene una gripe, pero no es grave. Tiene que guardar cama durante unos días y le voy a dar una receta para unos comprimidos.
Paciente: ¿Tengo que volver a verle?
Médico: Sí, pida hora para la semana que viene.

3 *Médico:* Buenos días. Dígame.
Paciente: Me he caído mientras jugaba al tenis.
Médico: ¿Dónde le duele?
Paciente: Pues me duele mucho la espalda.
Médico: A ver... Creo que se ha torcido un poco la espalda. No es grave pero tiene que descansar durante unos días y no puede hacer deporte durante al menos dos semanas.
Paciente: ¿Tengo que volver a verle?
Médico: Sí, venga a verme dentro de dos semanas a ver qué tal.

Página 88 Actividad 9 B

1 Antes solía fumar por lo menos veinte cigarillos al día. No estaba en forma para nada. Entonces decidí dejar de fumar y hacer más ejercicio. Ahora estoy más en forma y me siento mejor.

2 Antes solía comer sólo carne. No tenía una dieta equilibrada y me faltaban vitaminas. Entonces decidí dejar de comer tanta carne y comer más verduras y más fruta. Ahora como mejor y me siento mejor.

3 Antes solía ver mucho la tele. No estaba en forma para nada y no tenía mucha energía. Entonces decidí dejar de ver la tele y salir más. Ahora me encuentro con más energía y tengo una vida más variada.

Página 90 Actividad 14

El otro día mi amigo Osvaldo y yo decidimos ir al centro para comprar unos discos. Andábamos charlando por la calle, hasta que llegamos al cruce, donde nos paramos para poder cruzar. De repente vimos un camión. En vez de parar, el camión se saltó el semáforo en rojo. En ese momento apareció un coche azul por la derecha. Desgraciadamente el camión chocó con el coche azul. Mi amigo se acercó corriendo a una cabina telefónica y llamó a una ambulancia, y también llamó a la policía. Yo me acerqué a los coches. Había tres personas heridas. Después de unos minutos llegaron la ambulancia y la policía. La policía habló con el conductor del camión y con todos los testigos para descubrir lo que había pasado.

11 Los servicios públicos

Página 93 Actividad 2

1 *Cliente:* Buenos días. Deme veinte litros de súper, por favor.
Dependiente: Muy bien...Son diez euros.
Cliente: ¿Puede comprobar el agua, por favor?
Dependiente: Claro.

2 *Clienta:* Buenas tardes. Llénelo de gasolina sin plomo, por favor.
Dependiente: Vale....Son diecisiete euros noventa céntimos.
Clienta: ¿Puede comprobar el aceite también, por favor?
Dependiente: Muy bien.

3 *Cliente:* Buenos días. Necesito treinta litros de gasoil, por favor.
Dependiente: ¿Quiere que combruebe el aceite?
Cliente: No gracias, no hace falta, pero ¿puede comprobar los neumáticos?
Dependiente: Sí, claro.

4 *Clienta:* Buenas noches, deme cuarenta litros de gasolina sin plomo, por favor.
Dependiente: Vale....Son dieciocho euros noventa céntimos.
Clienta: ¿Venden mapas de la región?
Dependiente: Sí, pregunte en el quiosco.

Página 93 Actividad 4

1 *Conductor:* Buenos días. Tengo un problema con el coche. No me arranca.
Mecánico: Bien, pues ¿dónde está usted en este momento?
Conductor: Estoy en la carretera 102, a tres kilómetros del puente.
Mecánico: Bien y ¿qué coche tiene?
Conductor: Es un Seat Ibiza rojo.
Mecánico: Pues estaremos con usted dentro de media hora.
Conductor: Gracias.

2 *Conductor:* Buenas tardes. Estoy en la carretera con un pinchazo y no consigo cambiar la rueda.
Mecánico: Pues podemos ayudarle pero tendrá que esperar al menos una hora.
Conductor: Bueno, vale, estoy a unos cinco kilómetros de Tomelloso en la carretera 103.
Mecánico: ¿Qué coche tiene?
Conductor: Es un Ford Fiesta verde.
Mecánico: Muy bien. Hasta luego.

3 *Conductora:* Buenos días. ¿Podría ayudarme? Me he quedado sin gasolina y no sé si hay una gasolinera cerca de aquí.
Mecánico: ¿Dónde está usted exactamente?
Conductora: Estoy en la autopista M30 entre las salidas cinco y seis.
Mecánico: ¿Y qué coche es?
Conductora: Es un Seat Córdoba negro.
Mecánico: Bueno, espere con el coche. Procuraremos estar con usted dentro de diez minutos.

Página 94 Actividad 5

1 *Cliente:* Buenos días. ¿Cuánto cuesta mandar este telegrama a Francia, por favor?
Dependiente: Son tres euros.

2 *Cliente:* Buenas tardes. ¿Cuánto cuesta mandar este paquete a Málaga, por favor?
Dependiente: Son dos euros.

3 *Clienta:* Hola. ¿Cuánto cuesta mandar una carta a Gran Bretaña, por favor?
Dependiente: Son veinticinco céntimos.

4 *Cliente:* Buenos días. ¿Cuánto cuesta mandar una postal a Barcelona?
Dependiente: Son quince céntimos.

Página 97 Actividad 12

1 *Dependiente:* Buenos días. ¿Qué desea?
Cliente: He perdido mi cartera.
Dependiente: ¿Cómo es?
Cliente: Es grande y de piel roja.
Dependiente: ¿Cuándo y dónde la perdió?
Cliente: Esta mañana en la estación, cerca de los servicios.
Dependiente: Lo siento, todavía no nos han entregado ninguna cartera. Pero déjenos su dirección.

2 *Dependiente:* Buenos días. ¿Puedo ayudarle?
Clienta: Sí, he perdido mi paraguas. ¿Quizá lo tienen ustedes?
Dependiente: ¿Cómo es?
Clienta: Es bastante pequeño, con rayas azules y blancas.
Dependiente: ¿Dónde y cuándo lo perdió?
Clienta: Pues lo dejé en el autobús ayer por la mañana.
Dependiente: A ver....Sí, aquí tenemos un paraguas blanco y azul.

3 *Dependiente:* Buenos días. ¿Qué desea?
Cliente: He perdido una bolsa.
Dependiente: ¿Cómo es?
Cliente: Es una bolsa de plástico del Corte Inglés. Contenía dos camisas.
Dependiente: ¿Dónde y cuándo la perdió?
Cliente: Pues en el Corte Inglés mismo hace dos horas, pero allí no la tienen.
Dependiente: Aquí tampoco tenemos bolsa del Corte Inglés. Lo siento.

12 Una mirada al mundo

Página 102 Actividad 2

1 *Profesor:* Yo creo que principalmente la nueva Europa va a cambiar mi vida profesional. Ya vemos los cambios en el sistema educativo español para acercarnos a un sistema universal, o sea europeo. Además ahora tenemos que preparar a los jóvenes para vivir en Europa más que en España.

2 *Ama de casa:* Yo lo que veo cada vez más son los productos digamos extranjeros que se encuentran en los supermercados y las tiendas. Por ejemplo, antes comprabas tomates, digo españoles, y no te lo pensabas. Hoy en día, pues, cuidado.... a lo mejor los tomates holandeses salen más baratos.

3 *Estudiante:* Yo creo que la nueva Europa exige que uno aprenda más idiomas. Yo puedo estudiar química o biología en la universidad aquí en España, pero si quiero tener más oportunidades de obtener becas o de encontrar trabajo, pues necesito también aprender al menos dos de los idiomas principales de Europa, o sea inglés, francés o alemán.

4 Dentista: No creo que vaya a cambiar mucho mi vida aunque reconozco que todo se hace cada vez más según las reglas y las normas europeas. Así que nuestra manera de trabajar y los sistemas sanitarios se van uniformando.

5 Parado: Ser parado aquí en España quiere decir que no hay trabajo. Ahora, con la nueva Europa, pues en teoría tenemos el derecho de buscar trabajo en otros países sin tener que pedir el permiso. Así que en teoría existen más posibilidades. El hecho de que otros países se encuentran con los mismos problemas, pues en realidad no cambia mucho.

Página 102 Actividad 3

1 Con la llegada del verano y del calor, nada te refrescará tanto como las burbujas de Kas. Bebe agua tónica Kas y despierta tu energía de verano. Kas, en todos los bares de España.

2 ¿Estás harta de tener los platos limpios pero las manos resecas? Pues ahora hay una solución. Usa Nuevo Detergente Palmolive. El detergente Palmolive limpia a fondo tus platos quitando toda la grasa pero dejando tus manos suaves y atractivas. Nuevo Detergente Palmolive – cuida tus platos y tus manos.

3 Ahora es hora de visitar la nueva colección de relojes divertidos en venta en el Corte Inglés a precios increíbles. No se corte, venga al Corte Inglés donde el tiempo es oro.

4 ¿Tiene usted ganas de viajar, de visitar otros países, de conocer otras culturas? Ahora el nuevo curso de idiomas Multilengua le permite aprender el idioma que usted necesita para poder aprovechar de su viaje. En sólo tres semanas usted aprenderá francés, inglés, alemán o japonés y sólo nos quedará desearle buen viaje. Centro Multilengua. Para más información llame al 091...

Página 106 Actividad 9

Señoras y señores, buenas noches. Siguen los títulos más destacados del día.

Tragedia en Madrid. Esta mañana a las ocho en punto un coche-bomba mató a un policía en pleno centro de Madrid. El policía pasaba con su coche en el momento de la explosión y murió una hora después de ser transportado al hospital. El presidente del gobierno, José María Aznar, condena una vez más los actos de terrorismo en la capital.

El conducir deja de ser un placer. Subida de los precios de gasolina a partir de mañana, y largas colas en todas las gasolineras de España.

El rey Juan Carlos y la reina Sofía terminan hoy su viaje oficial a Italia. Los reyes se declaran muy contentos con su visita.

La última película de Fernando Trueba premiada en los óscares. El cine español empieza a destacarse.

El gobierno decide abandonar la propuesta ley de impuestos sobre libros y discos. El comercio da un suspiro de alivio.

Y un reportaje especial sobre los jóvenes y el alcohol. ¿Por qué beben más que nunca? María Teresa González Ropero habla con los jóvenes víctimas del alcohol.

Pruebas de control
Prueba 1

Página 110 Actividad 1

1 ¡Hola! Soy Nacho y tengo 15 años. Vivo con mi familia en Pamplona y me gustaría escribirme con un chico o una chica en Inglaterra. Soy simpático y bastante sociable. Me gusta ir al cine y practicar deportes.

2 ¡Hola! ¿Qué tal? Pues yo me llamo Ana y soy una chica de 16 años y me gusta muchísimo hacer equitación. De hecho, busco una amiga inglesa con quien pueda compartir mi afición a los caballos.

3 ¡Hola, mucho gusto! Soy Pablo y me gustaría tener un amigo o una amiga en Inglaterra para poder mejorar mi inglés. Tengo 16 años y soy un chico tranquilo. Me encanta la música clásica y me gustaría muchísimo ir a unos conciertos en la capital.

4 ¡Hola! Me llamo Juanita y tengo 15 años. Busco una amiga inglesa para poder mejorar mi inglés. Me encantan las películas y el deporte. Me gustan los animales pequeños, pero los perros no porque me dan miedo.

Página 110 Actividad 2

1 Dos hermanas...la guerra civil...y un gran amor. La última película de Carlos Saura llega al cine Gran Vía a partir del jueves día 15. ¡No se la pierda!

2 El nuevo centro deportivo La Castellana abre sus puertas en el mes de septiembre. Pero ya puede obtener la tarjeta de miembro a precio reducido. Para más información llame al 2348195.

3 La Casa del Libro ofrece más de mil títulos de autores españoles y extranjeros a mitad de precio. No se pierdan esta oportunidad única de disfrutar de las obras más importantes de la literatura.

4 Documentales...entrevistas...películas del cine español. Vive la pasión todos los días en Telemadrid a partir de las cinco de la tarde.

Prueba 2

Página 112 Actividad 1

1 Voy al Instituto San Antonio que se encuentra en el centro de la ciudad. Es un instituto grande con dos mil alumnos. Tiene una biblioteca grande con muchos libros y un gimnasio excelente para hacer deporte a cubierto. La cafetería es pequeña pero sirven comida muy buena. Los profesores son muy buenos y me gustan mucho. Lo malo es que no organizan mucho para los alumnos fuera de las clases.

2 Soy alumno del Instituto Rubén Darío que es el único instituto de nuestro pueblo. Tiene más o menos cuatrocientos alumnos y todas las clases tienen lugar en un edificio antiguo en las afueras del pueblo. Aunque los profesores son muy buenos y nos ayudan mucho, no hay muchas posibilidades para el estudio independiente. Tenemos una biblioteca pero con muy pocos libros. Aparte de una máquina no hay posibilidades para comer. Por otro lado tenemos mucha suerte en que organizan excursiones interesantes para los alumnos.

3 En el Instituto Carlos V los dos mil quinientos alumnos llevan una vida bastante interesante. Pueden participar en muchas actividades deportivas y culturales organizadas por los profesores. Los profesores se esfuerzan mucho por los alumnos pero son muy exigentes y en las clases hay un ambiente muy serio. El instituto tiene tres edificios. Uno está dedicado exclusivamente al deporte. En el edificio principal hay una biblioteca y un centro de estudio que sigue abierto incluso los fines de semana.

Página 112 Actividad 2

Sevilla es una ciudad maravillosa. Es la capital de Andalucía y tiene muchos edificios antiguos y preciosos además de muchos lugares de gran interés. Tiene museos y salas de exposición. Es una ciudad grande con casi setecientos mil habitantes. Mucha gente vive en el centro de la ciudad en los pisos antiguos aunque hay pisos más modernos en algunos barrios de la ciudad. Durante todo el año llegan visitantes de toda España y del extranjero. La ciudad atrae más gente en Semana Santa. A pesar de una buena red de autobuses, la gente prefiere usar el coche. A veces la presencia de demasiados coches en el centro causa problemas.

Prueba 3

Página 114 Actividad 1

1 ¿Quiere un camping cerca del mar? ¿Quiere disfrutar de un auténtico lugar de vacaciones? Elija Camping Sevilla...parcelas individuales con toma de corriente para tiendas y caravanas...duchas con agua caliente...supermercado y restaurante.

2 ¿Está usted buscando el camping ideal para disfrutar de unas vacaciones tranquilas al aire libre? Ya no busque más. Venga a pasar unos días en el camping Tres Molinos. Piscina climatizada...parque infantil... bar y restaurante...parcelas para tiendas pequeñas y grandes.

Página 114 Actividad 2

1 Me encantaría ir de vacaciones durante unas semanas en la costa. No me importa el lujo así que cualquier hotel me vale. Me gustaría poder pasar días enteros practicando el surf y no tener que preocuparme por la comida. Y claro, por las noches me gustaría poder salir y disfrutar de la vida nocturna.

2 Cuando pienso en vacaciones pienso en el mar, así que mis vacaciones ideales me las paso en la costa. El alojamiento no es tan importante pero me gustaría poder elegir entre varias actividades durante el día y salir a bailar por la noche. También es importante tener muchas posibilidades para comer fuera.

Prueba 4

Página 116 Actividad 1

1 ¡Hola! Soy Francisco. Lo siento pero no puedo ir a tu fiesta porque tengo que recoger a mi madre en el aeropuerto.

2 ¡Hola! Soy Alejandra. Estoy resfriada así que no voy a ir a la fiesta. Lo siento. Te llamaré la semana que viene...¿Vale?

3 Soy Ramón. Hola, ¿qué tal? Lo siento por tu fiesta pero mi hermana está en el hospital así que no puedo ir. Hasta luego.

4 ¡Hola! Soy Rita. No te lo vas a creer pero me he torcido el tobillo así que de fiestas o de bailar nada. Lo siento. Ya te llamaré.

5 Hola, Luis. Soy Darío. Esta noche han robado en casa y se han llevado casi todo. Lo siento pero no tengo muchas ganas de ir a la fiesta.

6 ¿Luis? Soy Mario. He perdido las llaves del coche, así que no sé si voy a poder ir a tu fiesta. Lo siento.

Página 116 Actividad 2

¡Hola! Muy buenos días. Aquí Nieves Abascal con ustedes hasta las doce. Me hace muchísima ilusión poder pasar unas horas en su compañía y ya verán lo bien que lo vamos a pasar. Hoy en el estudio tenemos con nosotros al médico Juan García Solana que nos hablará de la importancia de seguir una dieta sana. También recibiremos la visita de la gran actriz Ana Rosales y le preguntaremos por sus proyectos en el teatro.

Y si todavía no lo tienen muy claro en cuanto a la comida de hoy, pues nos dará una receta muy especial el famoso cocinero Pedro Jiménez Soria.

Y a las once y media vamos a reunir a todos nuestros invitados para comentar los acontecimientos más destacados de la semana en España y expresar nuestras opiniones sobre ellos...

Answers

Unidad 1

1 B Pedro Izquierdo Martínez, calle Almirante 30, Madrid, 707 88 43

2 A 1 Hay siete personas en su familia; 2 Tiene tres hermanos y una hermana; 3 Tiene un gato.

2 B 1 Son marrones; 2 Tiene el pelo gris y los ojos azules; 3 Tiene el pelo rubio muy largo.

3 A 1 Raúl/Mercedes; Gloria /María Teresa; Luis/María Teresa; Pedro/María Teresa; 2 Fátima

4 Carmen

5 1 cubana; 2 méxicana; 3 quieren amigos de todo el mundo; 4 quieren amigos españoles

6 Pablo; Roberto; David; Alejandro; Manuel

9 1 verdad; 2 verdad; 3 verdad; 4 mentira; 5 mentira; 6 verdad; 7 mentira; 8 mentira; 9 verdad; 10 verdad

11 1 b; 2 mentira; 3 a; 4 mentira; 5 d

12 1 americana; 2 las dos ciudades; 3 bailarina; 4 sí; 5 c

13 1 b; 2 c; 3 a; 4 c; 5 b; 6 a

15 1 una chica; 2 17; 3 es guapa; 4 no es inteligente; 5 más; 6 quiere ser inteligente; 7 deprimida

16 A
Ayer:	Hoy:
Tenía el pelo largo y oscuro.	Tiene el pelo más corto y más rubio.
Era tímida.	Es más extrovertida.
Estaba más gorda.	Es más guapa.
Vestía discretamente.	Lleva ropa de moda.

B tiene – tenía; lleva – llevaba; es – era tenía – tiene; era – es; estaba – está; vestía – viste.

Práctica

1 SER soy; es; es; son; somos; somos; eres; sois
ESTAR está; está; están; estoy; estamos; estás; estáis

TENER tengo; tengo; tiene; tiene; tienen; tenemos; tienes; tenéis
HACER hago; hacen; hace; hacemos; haces; hacéis
IR voy; vamos; va; van; vas; vais

2 1 como; 2 llega; 3 preparan; 4 salimos; 5 beben; 6 leo; 7 puedes; 8 vuelvo; 9 podéis; 10 pone

3 1 suelo leer; 2 queremos ir; 3 tengo que estudiar; 4 quiero leer; 5 solemos salir; 6 tenemos que volver

Unidad 2

1 María Luisa: salir con amigos/ir al cine; Nacho: leer/ir a museos; Javier: hacer deporte/bailar; Pilar: tocar la flauta/coleccionar sellos

2 María Luisa: 1 tenis; 2 natación; 3 una vez
Nacho: 1 fútbol/baloncesto; 2 fútbol/baloncesto; 3 dos/tres veces
Javier: 1 todos; 2 fútbol/tenis/natación/esquí; 3 fútbol/tenis cuatro veces natación dos veces
Pilar: 1 ninguno; 2 gimnasia; 3 todos los días

3 a 3; b 1; c 3; d 4; e 4; f 2; g 3; h 1

4 1 b; 2 c; 3 c; 4 a

6 1 *El amor es un potro desbocado*; 2 Madrid; 3 más barata; 4 mentira

8 A 1 c; 2 a; 3 d; 4 e; 5 b

10 1 a; 2 a; 3 b

11 A 1 nueve; 2 fútbol; 3 verdad; 4 mentira; 5 está muy lejos; 6 hacer un campo de fútbol
B b

13 d; g; b; a; f; i; h; c; e

Práctica

1 1 fui; 2 hice; 3 tuve; 4 comí; 5 bebí; 6 salí; 7 volví; 8 leí; 9 vi; 10 jugué

2 1 fui; 2 fue; 3 fueron; 4 hizo; 5 volvió; 6 salimos; 7 gustó; 8 decidieron; 9 decidí; 10 perdió; tuvo que; 11 fuimos; viajamos; nos quedamos; 12 conocí

3 fui; nos encontramos; tuvimos que; decidimos; comimos; terminó; fuimos; tomamos; invitó; quedamos; volvimos; cogí; costó

Unidad 3

1 1 d; 2 b; 3 e; 4 a; 5 c

2 1 nueve; 2 al lado del comedor; 3 al lado del dormitorio de sus padres; 4 no; 5 sí

3 la cocina: una cocina de gas; una nevera; un microondas; un fregadero; una lavadora
el salón: un sofá; una mesita; una butaca; un vídeo; un estéreo; un televisor; el comedor: un aparador; una mesa con sillas
el dormitorio: una cama; un espejo; un armario; un escritorio

4 b

5 c

6 A Miguel: c; k
Paloma: a; b; f; g; h; i
Sergio: d; e; j; l
Ana: —
B e; f; h; l; i

7 1 b/h; 2 d/e; 3 a/f; 4 c/g

8 A 1 mal; 2 media hora; 3 sale con sus amigos; 4 su dormitorio está desordenado y huele mal
B a; c; d; e; g; h; j; k; l; m; n

9 1 d; 2 c; 3 a; 4 b

10 1 a las siete o las siete y cuarto; 2 a las ocho; 3 a las ocho y media; 4 a las cinco y media o las seis; 5 a las diez o las diez y media; 6 a las doce

14 1 quiere tener más de una planta; quiere tener un jardín
2 es más fácil para limpiarlo
3 es tranquilo – sólo un vecino al lado; tiene una terraza muy grande; no necesitan coche (está en el centro)
4 es antiguo; necesita reparaciones; no hay garaje; es más caro
5 es moderna; tiene una cocina práctica; tiene garaje; es más barata (no está en el centro)
6 está muy lejos (está en las afueras) y tienen que hacer un viaje de una hora para ir al trabajo

Práctica

1 1 me levanto; 2 se levanta; 3 se levantan; 4 nos levantamos; te levantas; os levantáis

2 me despierto; me levanto; me ducho; me visto; me preparo

3 me despierto; me levanto; me ducho; me visto; se acuesta; se levanta; nos levantamos; nos acostamos

4 me acosté; me desperté; se levantó; nos duchamos; nos vestimos; se acostaron

5 voy a levantarme; voy a acostarme; voy a ducharme

Unidad 4

1 A 1 verdad: 2 mentira; 3 mentira; 4 verdad; 5 mentira; 6 mentira
C 1 mentira: hace frío y llueve, hace viento y hay tormentas
2 mentira: hace muchísimo calor
3 verdad
4 verdad
5 mentira: no hace frío y está seco (no llueve)
6 mentira: hace menos calor

2 A 1 b; 2 d; 3 a; 4 c

3 A 1 c/i/h/e/j/g; 2 b/f/c/i; 3 g/a; 4 a/f/i/c/e

4 2 verdad; 3 verdad; 7 verdad; 8 verdad

5 A 1 F=Correos; 2 A=museo; 3 E=parada de autobuses; 4 C=supermercado; 5 D=farmacia; 6 B=restaurante; 7 G=Hotel Goya

6 1 c; 2 historia, arte, arquitectura, planos de la zona ; 3 diez

7 A 1a; 2b; 3c; 4g; 5d; 6h; 7j; 8e; 9i; 10h; 11f
B 1 verdad; 2 mentira; 3 mentira; 4 verdad; 5 mentira; 6 verdad
C 1 más de tres millones de habitantes
2 es la capital de España
3 es una ciudad cultural
4 ver los museos, monumentos, parques; hacer deporte; ir de compras
5 hay restaurantes, bares, discotecas, cines, teatros, conciertos, música flamenca

8 1 c; 2 a; 3 b

9 1 diez; 2 123; 3 1:30 de la madrugada; 4 no; 5 el bonometro; 6 sí; 7 autobuses, tren de cercanía, metro, 8 580 19 80

10 1 vive desde siempre en el campo
2 se respira aire puro. (En la ciudad hay contaminación.)
3 no hay mucho tráfico – hay paz y tranquilidad
4 puede cultivar verduras en su jardín
5 vive en una casa (y no un piso)

Práctica

1 1 un; 2 el; 3 las; 4 los; 5 las; 6 unos/la; 7 la/un; 8 el/unos; 9 la/un; 10 los/las

2 1 la /del; 2 la/de los; 3 la/del; 4 a la/el; 5 al; 6 el/de la; 7 la/del; 8 al; 9 a la; 10 las/al/del

3 1 bonita; 2 pintoresca; 3 bonito; 4 muchas; 5 pocas; 6 antigua/interesante; 7 estrechas/mucho; 8 modernas/antiguas; 9 pequeña; 10 atractivos

4 1 preciosos/verdes/impresionantes
2 anchas/muchos
3 bonito/monótono
4 típicas/blancos
5 rápido/práctico

Unidad 5

1 A 1 nueve; 2 matemáticas, física, inglés, lengua española, dibujo, formación religiosa, historia, geografía
C 1 b; 2 b; 3 a; 4 a

2 inglés/d; geografía/a; matemáticas/b química/c

3 1 educación física; prácticas; teoría del dibujo
2 idioma moderno; formación religiosa; formación humanística; matemáticas; tecnología
3 educación física
4 matemáticas (muy deficiente)

4 1d; 2a; 3c; 4f; 5b; 6e; 7g

5 B a / 18 puntos; b / 7-11 puntos; c / 12-17 puntos; d / 6 puntos

6 A 1 El año pasado: a Esther era una buena alumna; c Respetaba mucho al profesor; d Se comportaba bien en clase; f Aprobaba los exámenes; h Hacía todos les deberes
2 Este año: b Esther saca malas notas; e El profesor es muy malo; g Esther se aburre
B 1 las notas; 2 el profesor; 3 b

8 1 a las ocho y media; 2 una hora; 3 a las diez y media; 4 dos horas y media; 5 a las cinco y media; 6 a las once; 7 dos; 8 cuatro horas; 9 español

9 A a ...es el metro puesto que la mayoría de los alumnos viven en el centro de la ciudad
b ...desde su casa para dirigirse al instituto
c ...en el gimnasio
d ...la biblioteca que está dotada de muchos libros y la sala de estudio

10 A ideas positivas: no tenemos que llevar uniforme; tenemos que ser puntuales; se puede comer caramelos y chicles; hay que aprobar los exámenes
ideas negativas: se puede fumar; no se puede comer; no se puede hablar

Práctica

1 1 voy a ir/iré
2 voy a tener/tendré
3 voy a hacer/haré
4 voy a estar/estaré
5 voy a hablar/hablaré
6 voy a ordenar/ordenaré
7 voy a salir/saldré
8 voy a recibir/recibiré
9 voy a hacer/haré
10 voy a venir/vendré

2 1 compraré; 2 saldré; 3 tendrán; 4 iré; 5 visitaremos

3 1 iré; estudiaré; seré
2 trabajaré; hablaré; mejoraré; iré
3 iré; empezaré; podré

Unidad 6

1 A 1 c su madre – médica; 2 a su padre – profesor; 3 b su tío – mecánico; 4 d su prima – secretaria
B 1 un(a) médico/a; 2 un(a) profesor(a); 3 un(a) secretario/a; 4 un mécanico; 5 un(a) secretario/a; 6 un mécanico; 7 un(a) infermiero/a; un(a) profesor (a)

2 1 dieciocho años; 2 le encantan los coches; 3 desde hace veinte años; 4 le gusta poder ayudar a la gente

3 a 2/6/7; b 3/4/8; c 1/5/9

5 1 b; 2 a; 3 c; 4 c; 5 c; 6 b/d; 7 d; 8 a; 9 a; 10 d; 11 c

6 1 secretaria; 2 sí; 3 inglés hablado y escrito; manejo de ordenador; 4 hablo inglés y francés; estudié informática; 5 sí (promoción)

8 3 / 4 / 6 / 8 / 9 / 10 / 11 / 14

9 1 b; 2 83%; 3 45%

10 A 1b; 2b; 3b; 4b
B Ana María 1c; 2a; 3a; 4a
Paloma 1b; 2b; 3b; 4b
C Paloma

11 1 secretaria de dirección; 2 más de veinte años; 3 cambiar el horario de trabajo; 4 para dedicar más tiempo a su familia y a sus pasatiempos; 5 seis días; 6 a/c; 7 b; 8 c

Práctica

1 1 era; 2 había; 3 estaba; 4 hacía; 5 era; 6 trabajaba; 7 gustaba; 8 estaba; 9 podía; 10 era; 11 querían; 12 necesitaba

2 1 trabajar; 2 tomar; 3 limpiar; 4 volver; 5 ser; 6 hacer; 7 estar; 8 tener; 9 gastar; 10 ir; 11 comprar; 12 estudiar

3 1 podía; 2 quería; 3 iba; 4 tenía; 5 estaba

4 necesitaba; tenía que; estaba; tenía que; tenía que; necesitaba; tenía; tenía que

Unidad 7

1 1 d; 2 a; 3 b; 4 c; 5 e

2 1 c; 2 d; 3 a; 4 f; 5 e; 6 b

3 1 a/e – más cómodo; 2 b/f – más práctico; 3 c/g – más práctico; 4 a/e – lo organizan todo las agencias de viaje

4 1 Karla; 2 Cha; 3 Mauri/Pablo; 4 Alan; 5 Mauri

5 1 a; 2 a; 3 b; 4 b; 5 a; 6 a; 7 a; 8 b

7 Cliente: a/b/e/g/h/j/l/n/p/r/t
Empleada: a/c/d/f/i/k/m/o/q/s/u

8 1 Valencia; 2 3 de noviembre; 3 31 de octubre; 4 ocho menos diez (mañana); 5 8 horas 40 minutos; 6 dinero; 7 conservar el billete

9 A 1 09:30; 2 16€; 3 fumador
B 1 tres: 10:15/13:00/18:05; 2 13:00; 3 segunda
C 1 Sevilla; 2 sí; 3 11

11 A 1 sí; 2 2; 3 más espacio; 4 champaña; 5 salones de primera clase/mostradores exclusivos/atención especial
B 1 09:00; 2 17:00; 3 20:00

12 A c; e; a; d; b
B 1c; 2d; 3a; 4b; 5e

Práctica

1 1 estoy viendo la tele
2 estoy escuchando la radio
3 estoy comiendo un bocadillo
4 estoy jugando al tenis
5 estoy haciendo la comida
6 estoy fregando los platos
7 estoy leyendo un libro
8 estoy escribiendo una carta

2 1 está viendo la tele
2 están preparando la cena
3 estamos jugando al fútbol
4 está dando los deberes
5 estamos haciendo los deberes

3 1 estaba viendo la tele
2 estaba leyendo un libro
3 estaba mirando las camisetas
4 estaba dando un paseo
5 estaba bajando la calle
6 estaba preparando la comida
7 estaba haciendo natación
8 estaba hablando por teléfono

4 1 estaba haciendo; sonó
2 estaba viendo; oí
3 estaba hablando; llegaron
4 estaba haciendo; empezó
5 estaba comiendo; entró
6 estaba andando; me caí
7 estaba buscando la tienda; perdí
8 estaba saliendo; vi

Unidad 8

1 1 verdad; verdad; verdad
2 ayer hizo frío; verdad; verdad
3 verdad; verdad; mañana va a hacer buen tiempo
4 verdad; hoy hace viento; mañana va a hacer mal tiempo

2 A 1 i; b; c
2 a; b
3 h
4 a; b
5 d; e
6 f; k
B 1 15 grados; lluvia; cielos nublados
2 25 grados; sol; vientos flojos
3 cielos despejados; 30 grados

4 A cerveza; vino blanco; agua mineral sin gas; aceitunas; tortilla; jamón serrano; anchoas fritas; patatas fritas
B puedes comer cuando quieras; la comida es buena

6 1 El Jardín; 2 La Fonda; 3 La Fonda; 4 Rabo de toro/El Molino del Monte; 5 Lomos de merluza y calamarcitos/El Jardín; 6 Sufflé de chocolate/La Torre de Oro

7 1 C/García Montalbán/20:00
2 B/Rosa Jiménez Sierra/21:00
3 A/Roberto García López/22:30
4 E/Pérez Solana/20:30
5 F/Martínez Sánchez/14:00
6 D/González/Soria/21:00

9 A 1 a; 2 i; 3 c; 4 k; 5 d; 6 g; 7 e; 8 h; 9 b; 10 j; 11 f; 12 l

10 1 b; 2 c; 3 f; 4 d; 5 a; 6 e

13 A 1 X; 2 Y; 3 X; 4 Y; 5 Y; 6 X; 7 X; 8 Y
B 1 X/arquitectura
2 Y/decoración
3 Y/desayuno

4 X/confort habitaciones
5 Y/tranquilidad exterior

14 A 1/c; 2/b; 3/a
B 1 Todos rumbo a París; 2 Días dorados en Tenerife; 3 Thailandia

Práctica

1 tenía; era; tenía; era; vivía; estaba; iba; jugaba; llevaba; comía; bebía; tenía; hacía

2 1 era; 2 estaba; 3 tenían; 4 era; 5 tenía; 6 había; 7 estaba; 8 iba; 9 había; 10 tomaba

3 1 jugaba; 2 hacía; 3 escuchaba; 4 preparaba/ponía; 5 querían/quería

4 1 fui/era; 2 tuve/eran; 3 limpié/estaba; 4 invité/estaban; 5 era/bailamos; 6 había/se enfadaron; 7 volvieron/estaban; 8 llamé/había; 9 decidí/estaba; 10 estaba/fui

5 fui; quería; había; podía; vi; era; tenía; iba; llevaba; tenía; llevaba; cogió; puso; miró; vio; estaba; cogió; tenía; decidí

Unidad 9

1 1 pescado/mariscos (c); 2 carne (b); 3 verdura (a); 4 dulces (d)

2 A panadería; carnicería; pescadería; frutería; tienda de alimentación; pastelería

3 queso 5,95 (7); jamón 5 (5,50); merluza 3,80 (4,25); chorizo 1,75 (2,25); helado 1,35 (1,55); vino 1,60 (1,90); cerveza 1,05 (1,50)

4 1 a naranjas b un kilo c 1€
2 a queso b medio kilo c 3,25€
3 a chuletas de cordero b seis c 4,25€
4 a café b 500 gramos c 2,90€

5 A 1 d; 2 c; 3 a; 4 b
B clienta: 2/3; dependiente1/4

6 a; d; f; e; c; g; j; h; b; i

9 A 1 c; 2 g; 3 a; 4 e; 5 h; 6 j; 7 b; 8 i; 9 k; 10 f; 11 d; 12 l
B patatas; judías; pimiento rojo; cebolla; perejil; sal; aceite; jamón; huevos;

10 A 1 b; 2 a; 3 c
B 1 vestido; zapatos
2 vaqueros; camisetas; camisas; jersey
3 chándal; zapatillas de deporte; vaqueros; camisa

12 1 a; 2 e; 3 b; 4 d; 5 f; 6 c

14 1 **a** confección de caballeros/cuarta planta
b una semana
c camisas (50%)

2 **a** zapatería/segunda planta
b hasta el sábado
c botas (25)/zapatos (25)

3 **a** confección de señoras/tercera planta
b hoy y mañana
c vestido (25+) + perfume

4 **a** peletería/planta baja
b una semana
c cinturones (15) bolsos (25) maletas (40)

15 1 anuncios en los periódicos
2 la apertura del parlamento
3 hacer cola
4 **a** saldo **b** liquidación **c** rebaja
5 más clientes; venden más productos
6 compramos más de lo que necesitamos

Práctica

1 1 esta; 2 este; 3 estos; 4 estas; 5 estos; 6 este; 7 estas; 8 estos; 9 esta; 10 este

2 1 mi; 2 mi; 3 mis; 4 mis; 5 tus; 6 su; 7 nuestro; 8 vuestros; 9 su; 10 sus

3 1 mías; 2 tuyo; 3 suyo; 4 vuestros; 5 mía; 6 vuestro; 7 mías; 8 tuyo; 9 míos/tuyos; 10 tuya

4 1 cómo; 2 cuál; 3 qué; 4 cuál; 5 cuándo; 6 adónde; 7 quién; 8 para qué; 9 a quién; 10 cuáles

Unidad 10

1 1 d; 2 c; 3 f; 4 e; 5 b; 6 a

2 manos; rodillas; pies; pierna; brazos; cabeza

3 1 d/g; 2 f/k; 3 c/i; 4 b/h

4 dolor de garganta y de cabeza; pastillas y aspirina

5 1 nariz; 2 no; 3 no; 4 b

6 1 verdad; 2 mentira; 3 verdad; 4 verdad

7 1 **a** dolor de estómago
b indigestión
c tomar un jarabe durante tres días
d no

2 **a** fiebre; dolor de garganta
b gripe
c guardar cama durante unos días; tomar comprimidos
d sí; la semana que viene

3 **a** dolor de espalda

b se ha torcido la espalda
c descansar durante unos días; no hacer deporte durante dos semanas
d sí; dentro de dos semanas

9 1 **a** fumar; **b** dejar de fumar y hacer ejercicio; **c** está en forma y se siente mejor
2 **a** comer sólo carne; **b** comer más verduras y fruta; **c** se siente mejor y come mejor
3 **a** ver mucho la tele; **b** salir más; tiene más energía y tiene una vida más variada

10 1 mentira; 2 mentira; 3 verdad; 4 verdad; 5 verdad; 6 verdad; 7 mentira; 8 verdad

11 a

12 1 niños; 2 ir a la escuela, hacer deporte, bailar; 3 proteínas/carbohidratos/vitaminas/minerales 4 cuando no comen bien 5 sólo tienes que beber; hay muchos sabores

13 1 b; 2 b; 3 verdad; 4 avión, coche, tren, barco; 5 tomar una medicina; 6 hacen dormir; 7 convienen: evitar el alcohol; fijar la vista sobre objetos distantes; no convienen: leer; tener el estómago vacío

14 g; b; f; d; a; h; c; e

Práctica

1 1 soy; 2 es; 3 estoy; 4 estoy; 5 estamos; 6 es/está; 7 es/está; 8 soy/estoy; 9 están/están; 10 son; 11 están; 12 está/es; 13 está; 14 está; 15 es/está; 16 está /es; 17 eres/estás; 18 estáis/está 19 es/está; 20 son/es

2 1 para; 2 para; 3 para; 4 para; 5 por; 6 por; 7 por; 8 por; 9 por; 10 para

3 1 a; 2 a; 3 en; 4 a; 5 en; 6 en; 7 debajo; 8 enfrente; 9 desde; 10 desde/hasta

Unidad 11

1 1 b; 2 d; 3 e; 4 f; 5 a; 6 c

2 1 **a** súper **b** 20 **c** comprobar el agua
2 **a** sin plomo **b** lleno **c** comprobar el aceite
3 **a** gasoil **b** 30 **c** comprobar los neumáticos
4 **a** sin plomo **b** 40 **c** venden mapas

4 A 1 c ; 2 b; 3 a
B 1 **a** carretera 102/3 kilómetros del puente; **b** Seat Ibiza rojo; **c** media hora

2 **a** carretera 103/5 kilómetros de Tomelloso; **b** Ford Fiesta verde; **c** una hora
3 **a** autopista M30/entre salidas 5 y 6; **b** Seat Córdoba negro; **c** diez minutos

5 telegrama   Francia   3€
paquete   Málaga   2€
carta   Gran Bretaña   0,25€
postal   Barcelona   0,15€

6 1 c; 2 f; 3 g; 4 a; 5 h; 6 d; 7 i; 8 e; 9 b

7 1 verdad; 2 verdad; 3 mentira

8 1 c; 2 c; 3 b; 4 a; 5 b

9 1 h; 2 d; 3 e; 4 a; 5 f; 6 g; 7 b; 8 c

10 **a** inconveniente (2); **b** ventaja (8); **c** inconveniente (2); **d** ventaja (6); **e** inconveniente (5); **f** ventaja (6/3); **g** inconveniente (6); **h** inconveniente (1)

11 **a** 205 83 43; **b** 593 06 86 / 547 82 00 / 499 90 08 / 405 12 13; **c** 091; **d** 588 44 00; **e** 080; **f** 431 68 40; **g** 530 50 36; **h** 527 88 92

12 1 Perdió una cartera de piel roja esta mañana en la estación
2 Perdió un paraguas blanco y azul ayer por la mañana en el autobús
3 Perdió una bolsa de plástico del Corte Inglés hace dos horas en el Corte Inglés

13 1 b; 2 d; 3 a; 4 c

14 A 1 **a** maleta; **b** negra, bastante grande, de cuero; **c** el día 27 en la estación
2 **a** juego de ordenador; **b** – ; **c** día 13 en el AVE Madrid - Sevilla (coche 4 asiento 22)

16 1g; 2i; 3h; 4j; 5f; 6e; 7a; 8i; 9b; 10d

Práctica

1 1 han; 2 han; 3 ha; 4 has; 5 he; 6 hemos

2 1 has visto; 2 he visto; 3 has comprado; 4 he podido; 5 has olvidado; 6 he perdido; 7 has buscado; 8 he dejado; 9 han robado; 10 he ido

3 1 has visto; 2 vi; 3 compraste; 4 he comprado; 5 has terminado; 6 terminé; 7 has hecho; 8 hice; 9 has probado; 10 probé

4 1 la; 2 lo; 3 las; 4 los; 5 la

5 1 les; 2 le; 3 me; 4 le; 5 les

Unidad 12

1 A 1 Sarah Jenkins; 2 Karen Hesse;
3 Yves Rocher; 4 Antonio Vanoni

2 A 1 profesor; 2 ama de casa;
3 estudiante; 4 dentista;
5 parado
B profesor (c); ama de casa (e);
estudiante (a); dentista (d); parado
(b)

3 A 1 c; 2 a; 3 d; 4 b
B 1 e; 2 f; 3 c; 4 b
C 1 b te refresca y te da energía; 2 a no
deja tus manos resecas; 3 b son
divertidos pero baratos; 4 b te
permite aprender el idioma del país
que quieres visitar

4 A a; b; c; h; i; j
B 1 revista de actualidad (a); 2 revista
de divulgación científica (g);
3 revista femenina (f); 4 revista
culinaria (i)

5 1 la música; 2 noticias importantes,
anuncian futuros trabajos; 3 tiene más
páginas en color

6 1 El artículo se llama ¿Cómo se descifra
el código de barras?
2 Trata del código de barras que
aparece en los productos que
compramos.
3 Es un método de codificación que
permite la identificación de todo
tipo de productos mediante un
lector.
4 Tiene cuatro ventajas.
5 a los fabricantes, etc, mantienen un
control sobre los productos
b se puede evitar errores de cobro
c se puede evitar inútiles esperas
del cliente
d el cliente recibe una lista
detallada de sus compras.
6 Tiene catorce números.
7 Son una cifra de control.
8 Significa que hay un error.

7 1 b; 2 d; 3 no estaban en casa;
4 material especializado; 5 joyas;
6 estaban comiendo y viendo la tele

8 1 Durante la siesta o el sábado por la
mañana
2 Salvatore Lombino
3 Una novela policíaca

4 tres
5 los niños
6 es muy tímida
7 Deuda de honor
8 en la oficina

9 A 3; 9; 2; 6; 5; 7
B b; f; a; e; c; d
C 1 en el centro de Madrid
2 a las ocho en punto
3 pasaba con su coche
4 una hora

Práctica

1 1 tengas; 2 hagas; 3 seas; 4 vayas;
5 estés; 6 digas

2 1 sea; 2 termine; 3 sea; 4 haga;
5 tenga; 6 esté; 7 tenga; 8 sea; 9 tenga;
10 sea

3 1 es; 2 sea; 3 sea; 4 sea; 5 haya; 6 sea;
7 son; 8 tenga; 9 puede; 10 sean

4 1 deberíamos; debería; deberían;
debería; gustaría; encantaría
2 deberían; sería; tendrían que;
deberían

Pruebas de control
Prueba 1

1 Robert: Nacho (1)
Penny: Pablo (3)

2 a cine; deporte; lectura; televisión
b teatro

6 1 Su madre está enferma.
2 ayudar en casa
3 (no puede) hacer los deberes, salir
con amigos, jugar al baloncesto
4 c
5 b; d
6 b

Prueba 2

1 1 Instituto San Antonio: a grande;
b buenas; c simpáticos; d poca
variedad
2 Instituto Rubén Darío: a pequeño;
b malas; c simpáticos; d mucha
variedad
3 Instituto Carlos V: a grande;
b buenas; c estrictos; d mucha
variedad

2 cultura; población; alojamiento;
turismo; transporte público; tráfico
No vienen mencionados: vida
nocturna; contaminación

6 1 b
2 ...hay muchas distracciones tales
como cines y discotecas.
3 c
4 No se le da muy bien.
5 Va a trabajar de camarero y ayudar
en la cocina de un hotel.
6 Para el billete de avión.

Prueba 3

1 Camping Sevilla – c; Camping Tres
Molinos – a.

2 1a; 2c.

6 1 mejorar su inglés; probar platos
típicos; hacer excursiones
2 dos horas y cuarto
3 Porque hay mucha gente en el
aeropuerto.
4 No tenía ropa adecuada y pasó frío.
5 b entusiasta
6 Quiere conocer a los amigos de su
amigo/a por correspondencia.
Quiere también presentarle a todos
sus amigos.

Prueba 4

1 Francisco: j
Alejandra: i
Ramón: g
Rita: f
Darío: h
Mario: d

2 salud; entrevista; gastronomía; debate;
actualidad
(No viene mencionado: actuación
musical.)

6 1 después
2 el campo
3 Perdió su mochila y no aceptaron su
tarjeta de crédito.
4 a; c; d; f